LES AVIS D'UNE MERE INFORTUNÉE A SES FILLES.

Les saties ont un titre particulier page 123

LES AVIS D'UNE MERE INFORTUNÉE A SES FILLES.

OUVRAGE nouvellement traduit de l'Anglois, & intéressant pour les jeunes Demoiselles destinées à entrer dans le monde. Suivi de FABLES MORALES, aussi traduites de l'Anglois.

A LONDRES,
& se trouve, A PARIS,
Chez SERVIERE, Libraire, rue Saint-Jean-de-Beauvais.

M. DCC. LXXXVI.

LES AVIS D'UNE MERE INFORTUNÉE A SES FILLES,

Dans une Lettre à Miss Pennington.

MA CHERE JENNY,

S'il y avoit eu la moindre probabilité qu'on vous eût remis ma lettre directement, je n'aurois pas choisi le moyen que j'emploie pour vous la faire parvenir. Le public ne s'intéresse point aux affaires de famille, & on ne doit point lui en faire part; mais les circonstances sont telles, que je me vois dans la nécessité, ou de communiquer mes sentimens à tout le monde, ou de vous les laisser ignorer. En suivant ce dernier parti, je manquerois au devoir le plus indispensable; ce qui m'oblige à prendre le premier, malgré ses inconvéniens.

Myladi Pennington fait à ses enfans le détail de sa conduite pendant sa jeunesse.

Des circonstances multipliées d'un genre fort extraordinaire, ont conspiré pour vous éloigner de bonne-heure d'une mere affectionnée, & vous priver de ses tendres soins. Vous étiez alors trop jeune pour être capable de juger convenablement de sa conduite; &, depuis ce tems, il est très-probable qu'on vous l'a représentée sous le jour le plus défavorable. Je n'ai jamais fait aucun effort pour dissiper le préjugé général qui étoit contre moi; mes tentatives & mes soins à ce sujet auroient été inutiles.

Ce qu'elle pense de l'opinion publique.

Je ne prétends pas conclure de-là que l'opinion des autres est de peu d'importance; au contraire, je vous conseillerai toujours de bien graver dans votre mémoire, qu'après le ſentiment intérieur d'une bonne action, l'opinion publique eſt ce qu'on doit le plus conſidérer, & qu'il faut tâcher de l'aſſurer en ſa faveur, même dans les plus petites circonſtances. J'ai été malheureuſement élevée dans des principes différents. On m'avoit inſpiré dès l'enfance que la vertu eſt la ſeule choſe néceſſaire, & que ſans elle on ne peut eſpérer de bonheur, ni dans cet état préſent d'exiſtence, ni dans aucun autre quelconque. Mais, avec ce bon principe, on avoit en même-tems inculqué cette erreur : Que le ſentiment intérieur d'approbation que la vertu fait naître étoit ſuffiſant ; & qu'une perſonne, dont les actions étoient guidées par le motif ſupérieur d'obéiſſance à la volonté du ciel, devoit mépriſer la cenſure d'un monde naturellement méchant, & toujours prêt à calomnier quand il ne trouvoit point à médire. Cette idée profondément enracinée avant que la raison eût assez de force pour en découvrir la fausseté, occasionna une conduite peu sage & peu reservée dans le cours suivant de ma vie; ce qui donna une idée désavantageuse de mon caractere. Je vous parle avec la plus grande sincérité, & je ne vous déguiserai aucune faute dont la connoissance pourra vous être de quelque utilité. C'est pourquoi je vous avoûrai franchement que dans mes plus jeunes années, satisfaite de me tenir strictement dans les bornes de la vertu, je pris follement plaisir à franchir celles de la prudence; & guidée par une vanité ridicule, je m'abandonnai à une maniere de vivre si libre & si licentieuse, que toute autre personne de mon âge en auroit été effrayée. Il faut cependant, pour me rendre justice, vous déclarer en même-tems que ce n'étoit que dans les sociétés publiques que j'affichois cette extrême liberté. J'étois d'ailleurs si attentive pour éviter tout ce qui auroit pu donner lieu à une cenſure méritée, que je prends le ciel à témoin que votre pere eſt le premier homme avec qui j'ai jamais eu quelque rendez-vous particulier, ou que j'ai rencontré ſeul dans une chambre : encore cela n'eſt-il arrivé, qu'après que l'engagement mutuel le plus ſolemnel, je veux dire le mariage, nous a eu joint l'un à l'autre. Ma conduite alors étoit telle, comme il me l'a avoué depuis pluſieurs fois, qu'il étoit pleinement convaincu, que non-ſeulement je n'étois coupable d'aucune action criminelle, mais même d'aucune penſée vicieuſe; que la liberté extérieure de ma conduite provenoit ſeulement d'une grande gaiété d'humeur & d'une grande vivacité d'eſprit; & que jamais je n'avois donné atteinte aux regles étroites de la bienſéance, (c'étoient ſes propres termes). Pour réſumer le tout en peu de mots, ma conduite particuliére étoit telle, que la prude la plus ſévére n'auroit pû la condamner; celle au contraire que je tenois en public, auroit à peine été hasardée par la coquette la plus décidée. La derniere seule étoit connue dans le monde, & de-là conséquemment est venue l'opinion générale qui, comme vous le jugerez aisément, ne m'est pas favorable. Ce préjugé universel n'a que trop accrédité les malicieuses faussetés répandues contre moi. Pour cette raison, convaincue par une longue expérience, que la plus grande partie des hommes est si propre à recevoir & si disposée à retenir une mauvaise impression, que quand ces préventions sont une fois établies, il est presque impossible pendant toute la vie de les détruire; j'ai pendant quelques années acquiescée tacitement aux volontés de la providence sans tenter aucun moyen pour ma justification. Connoissant intérieurement que les traits infâmes qu'on avoit publiés sur ma conduite, n'avoient point la vérité pour fondement; je suis demeurée contente dans la certitude d'être ouvertement & entiérement reconnue innocente de toute action criminelle, & même de toute disposition vicieuse, à ce grand jour où toutes choses paroîtront comme elles sont réellement, & où les actions & leurs motifs les plus secrets seront manifestés aux hommes & aux anges. Si votre pere avoit été du nombre de ceux qui étoient trompés par les apparences, j'aurois crû qu'il étoit de mon devoir d'employer tous les moyens pour me justifier dans son esprit; mais il en étoit bien éloigné. Il sait que la plupart des apparences qui indisposoient les esprits contre moi, non-seulement m'étoient suggérées par lui-même, mais bien plus expressement ordonnées. (Quoique contraires à la raison & à mon propre intérêt, je fus assez foible pendant plus de douze ans pour ne pas les changer.) Il sait, dis-je, que même depuis notre séparation, par ménagement pour lui-même, je continuai pendant quelque tems d'agir comme auparavant, & que le public ignorant ces motifs secrets me fit un crime de ma conduite. C'est à votre pere, lui-même, que j'en appelle de la vérité de cette assertion; il est parfaitement instruit des détails que je vais ci-après vous exposer. Connoissant à fond mes principes & mes inclinations naturelles; son cœur, j'en suis convaincu, ne m'a jamais condamné.

Motifs de sa séparation d'avec son mari.

Mon pere ayant jugé à propos de me donner une fortune indépendante, il en fut grandement irrité, & s'imagina que j'avois contribué à cet arrangement, ou du moins que j'en avois été prévenue. Par-là, il fut exposé aux artifices des hommes mal-intentionnés, qui, n'ayant que leur propre intérêt en vue, lui firent naître d'abord des idées de vengeance, & bien-tôt après, sur des circonstances probables, l'engagerent à faire une accusation publique; quoiqu'elle ne fût appuyée que du simple témoignage d'une personne dont la fausseté connue lui avoit fait mille fois déclarer, qu'il n'ajouteroit pas foi à son serment, même dans l'affaire la moins importante. Aussi quand il eut perdu l'espoir d'obtenir cette abondance de preuves dont on l'avoit flatté, il auroit voulu se départir de l'accusation; mais il étoit trop tard pour réculer. Telle est, je crois sincérement, la vérité de cette affaire : quoique je connoisse trop bien son caractere opiniâtre pour attendre de lui une justification présente; mais quand il touchera aux portes de l'éternité, si la raison reprend ses droits en ce moment terrible, & si la religion à quelque pouvoir sur son cœur, je ne doute pas qu'alors il ne me justifie dans l'esprit de ses enfans, & qu'il n'avoue que nulle partie de ma conduite envers lui ne méritoit le traitement que j'ai souffert. . . . . Je suis fâchée d'être dans la nécessité de faire remarquer dans la conduite d'un autre, des fautes dont il s'est peut-être repenti depuis longtems, & qui doivent d'autant plus être condamnées à l'oubli, qu'elles ſont pardonnées ſincérement. Le ciel m'eſt témoin que bien loin de conſerver contre votre pere quelque reſſentiment dans mon cœur, il n'eſt perſonne au monde à qui je ſouhaite plus de bien, ou à qui je rendrois plus volontiers tous les ſervices qui dépendent de moi. Les injures que j'ai ſouffert, ſi je n'avois point d'enfans, ſeroient, ſans murmurer, enſévelies dans un ſilence profond juſqu'au grand jour de rétribution. Mais comme un tel ſilence pourroit fixer de fauſſes impreſſions dans votre eſprit, & dans celui de vos freres & ſœurs; mon devoir & la juſtice me commandent, tant par rapport à vous, que par rapport à eux, & à moi-même, de les détruire autant qu'il eſt poſſible. Dans ce deſſein il ſera néceſſaire de mettre au jour l'hiſtoire circonſtanciée de ma vie pendant près de quinze ans. Vous y verrez des événemens d'une nature ſi peu commune, qu'ils ſeront à peine croyables : & je ſuis convaincue qu'ils détruiront parfaitement dans votre opinion les fausses imputations dont on me noircit aujourd'hui. Ils vous prouveront, presque à la démonstration, la vraie cause de ces procédés contre moi, qu'on couvroit de prétendus motifs aussi injurieux à ma réputation qu'ils étoient faux en eux-mêmes. Mais cela doit être différé pour quelque tems. Vous êtes encore trop jeune pour connoître des choses de cette espèce & pour en juger convenablement. Lorsque, quelques années de plus, en murissant votre jugement, auront levés cet obstacle, vous serez informée de l'exacte vérité sans déguisement ou partialité. Suspendez donc encore votre opinion sur tout ce que vous avez pu entendre dire de moi, & attendez la connoissance de ces faits, que mes lettres vous développeront par la suite pour votre instruction.

J'ai cru qu'il étoit nécessaire de vous dire auparavant toutes ces choses, quoiqu'étrangères au but de cette lettre qui eſt, de vous faire ſouvenir que vous avez une mere jalouſe de votre bonheur, & de vous donner quelques avis par rapport à votre maniere de vivre dans le monde. Si vous faites attention au petit nombre de préceptes qui y ſont renfermées, ils ſuppléeront, du mieux qu'il m'eſt poſſible, à la privation des ſoins aſſidus de la mere la plus tendre. L'adreſſe de cette lettre eſt à vous en particulier, vos ſœurs étant encore trop jeunes pour la recevoir; mais mon intention eſt qu'elle ſerve également à vous tous.

Tableau du monde.

Vous êtes ſur le point, ma chere fille, d'entrer dans un monde plein d'impoſture & de fourberie; où rarement les perſonnes & les choſes paroiſſent comme elles ſont dans la réalité. Le vice cache ſa difformité ſous le maſque de la vertu; & quoiqu'il ſoit poſſible de le diſcerner, il y en a mille qui ne le découvrent pas. Chaque plaiſir préſent

présent usurpe le nom de bonheur, & comme tel, trompe l'infatigable poursuivant. Ainsi un masque général déguise toute chose; & ce n'est qu'à l'aide d'une longue expérience & d'un jugement pénétrant, qu'on peut découvrir la vérité. Heureux! trois fois heureux! ceux dont le caractère docile met à profit les instructions d'un âge plus mûr, & qui par là acquiérent quelque dégré de cette science nécessaire qui doit leur servir principalement à bien diriger leur conduite.

Le tour que votre esprit va prendre décide du bonheur ou du malheur de toute votre vie; & je suis de trop près intéressée à votre bien-être pour ne pas apporter tous mes soins à ce que vous preniez de bonne-heure pour guide, une façon de penser saine & juste, qui produira une conduite prudente & raisonnable, & vous assurera une félicité constante. Vous aviez assez d'années avant notre séparation pour me convaincre que le ciel ne vous avoit pas refusé un bon jugement, qui étant cultivé avec soin, vous mettra au-dessus de ces dispositions frivoles, si communes aux femmes; qui rendent la jeunesse ridicule, l'âge mûr sans caractère, & la vieillesse méprisable. Il est donc nécessaire de s'étendre sur ce sujet, puisqu'un bon jugement est notre meilleur guide, & que sans lui, tous les avis & toutes les instructions seroient aussi inutiles, que les moyens qu'on donneroit à un imbécile pour ne pas agir follement.

Des devoirs de la Religion.

Il n'y a pas lieu de douter qu'on ne prenne tous les soins suffisans pour vous donner une éducation honnête & convenable à votre rang : mais une éducation réligieuse est de bien plus grande importance. Si la premiere est nécessaire pour vous faire paroître dans le monde comme il convient, & pour y être bien accueillie, la derniere l'est bien d'avantage, comme étant seule capable de vous assurer l'approbation du plus grand & du meilleur des Etres, de la faveur duquel dépend votre bonheur éternel. Que votre devoir envers Dieu soit toujours le premier & le principal objet de vos soins. Comme votre Créateur & votre maître, il demande adoration & obéissance : comme votre pere & votre ami, respect & affection. Souvenez-vous que de ce commun Pere de l'univers, vous avez reçu la vie ; qu'à sa providence générale vous en devez la continuation ; & à sa bonté ; la santé, le plaisir, les avantages ou les jouissances qui rendent cette vie agréable. Un sentiment de bienfaits reçus inspire naturellement un mouvement de tendresse & de sensibilité, avec le desir d'y répondre d'une maniere convenable. Tout ce que nous pouvons faire pour les faveurs innombrables dont nous sommes comblés à chaque moment est, de remercier & d'obéir. Soyez attentive à ces préceptes, & mettez-les à exécution.

Faites-vous une regle invariable de commencer & de finir la journée par une élevation solemnelle vers Dieu. Je n'entends pas par-là ce qu'on appelle communément, dire des prieres; c'est-à-dire, faire une répétition habituelle de quelques mots, bons en eux-mêmes, mais prononcés sans dévotion & sans attention : rien n'est plus condamnable ni plus outrageant. C'est le seul hommage du cœur qni peut être accueilli. Nous devons exprimer à Dieu notre dépendance absolue & notre entiere résignation, le remercier des bienfaits déjà reçus, lui demander ces biens qui nous sont préparés dans une autre vie, & réclamer ses bontés pour tout le monde, Voilà ce qui compose la principale partie de ce devoir qui peut être renfermé en très-peu de mots, ou prolongé suivant le tems ou la disposition : car, ce n'est pas la longueur, mais la sincérité & l'attention dans nos priéres qui les rendent efficaces. Un bon cœur, joint à une intelligence médiocre, manquera rarement de mots propres pour exprimer ses sentimens; & il est raisonnable de supposer que toute personne, connoissant mieux son propre état, est bien plus capable d'y adapter ses demandes & ses expressions de réconnoissance : quant à ceux qui seroient d'une opinion différente, il y a plusieurs excellentes formes de prieres déjà composées, parmi lesquelles je n'en connois pas qui soient comparables à celles de D. Hoadley, aujourd'hui Evêque de Vinchester, dont je vous recommande l'usage fréquent. Vous trouverez dans la préface de ce livre de meilleures instructions sur ce sujet, que je ne suis capable de vous en donner, & je vous y renvoye.

Il est certain que nos prieres ne sauroient en aucun dégré changer les intentions d'un Etre qui est en lui-même invariable. Tout ce qu'on peut en attendre, c'est qu'en nous rendant meilleurs, elles nous rendent en même tems plus dignes de ses regards favorables. Cela doit néceſſairement réſulter de la pratique conſtante, reguliére & attentive de cette partie de notre devoir; car, en offrant au ciel nos prieres ferventes chaque matin & chaque ſoir, il eſt preſque impoſſible que ce pieux exercice ne laiſſe dans nos eſprits des impreſſions utiles, qui nous diſpoſeront naturellement à une obéiſſance prompte & exacte, & nous inſpireront une tendre frayeur du péché; (ce qui eſt la meilleure caution que la vertu puiſſe avoir;) c'eſt pourquoi, ſi vous cherchez véritablement votre propre bonheur, ne vous laiſſez jamais entraîner par la force des mauvais exemples dans un oubli habituel de prieres ſecretes; ou qu'une négligence impardonnable ne vous domine jamais au point d'être ſatisfaite d'une répétition habituelle de quelques mots choiſis, faite ſans attention & dans la même forme. Que votre cœur & votre attention répoſent toujours ſur vos levres; l'expérience vous convaincra bientôt que la permiſſion de s'adresser ainsi à l'Etre-Suprême, est la plus belle prérogative de la nature humaine, le principal & même le seul support que nous ayons dans les maux qui affligent continuellement cet état de péché & de misere : c'est la satisfaction raisonnable, la plus haute que l'esprit puisse goûter dans ce séjour, & le meilleur préparatif pour le bonheur éternel qui est au-delà. C'est un devoir que vous êtes toujours à portée de remplir ; & c'est pourquoi l'omission seule vous rendra coupable. On ne peut pas toujours adorer Dieu publiquement, mais quoiqu'il en soit, ne manquez jamais volontairement le service de l'Eglise au moins le Dimanche, & que votre maniere d'être, soit conforme à la solemnité du lieu & à l'intention qui vous y conduit. Ne regardez jamais les actions ni les habits des autres : ne laissez point errer vos yeux à la recherche des personnes de votre connoissance ; & tout le tems du service Divin, évitez autant qu'il est possible les complimens de civilité dont il y a trop grande alternative dans plusieurs de nos Eglises. Souvenez-vous que votre seule affaire dans ce lieu est d'adorer solemnellement l'Etre tout-Puissant, & que toute votre maniere d'être réponde à ce grand dessein. Si vous entendez un bon sermon, gardez-le comme un trésor dans votre mémoire, afin de pouvoir recueillir tout le bien qu'il est capable de vous faire : s'il est médiocre, il y a toujours quelques bons endroits à retenir, & vous condamnerez le reste à l'oubli. Ne vous moquez pas du prédicateur, qui sans doute a fait de son mieux, & mérite plutôt la compassion que le mépris. Malheureusement il a été placé dans un état qui est au-dessus de ses talens, & quoique mauvais orateur, il peut être homme de bien.

Je vous recommanderai aussi de participer de bonne-heure & fréquemment à la communion, parce que c'est le devoir indispensable de chaque chrétien. Il n'y a point d'établissement de notre religion plus ſimple, plus clair & plus intelligible que celui-là, qui nous a été expliqué par notre Sauveur lui-même. Pluſieurs ouvrages faits à ce ſujet depuis ſa venue, n'ont ſervi qu'à embarraſſer & troubler les eſprits foibles, en jettant un voile épais de ſuperſtition, & d'invention humaine ſur un commandement clair & poſitif, qu'il nous a donné d'une maniere ſi formelle, que l'eſprit le plus borné peut aiſément le comprendre; & il eſt certainement au pouvoir de tout chrétien d'y obéir. Rien n'a plus contribué au mépris de ce devoir, que pluſieurs livres qui preſcrivent une préparation d'un mois ou d'une ſemaine, comme préalablement néceſſaire pour s'en acquitter dignement. Par-là, on a effrayé les eſprits, on a ôté à pluſieurs perſonnes le pouvoir de remplir cette obligation, & le grand nombre s'eſt contenté de la remplir une ou deux fois l'année à quelque fête ſolemnelle. Cependant il eſt certain que la coutume conſtante des apôtres & des premiers chrétiens étoit de recevoir ce ſacrement tous les Dimanches, & nous devons le recevoir, toutes les fois qu'il eſt adminiſtré dans l'Egliſe que nous fréquentons, (ce qui n'arrive dans beaucoup d'endroits qu'une fois le mois). Je ne crois pas excuſable en aucun tems d'abandonner la table que nous voyons préparée à ce deſſein, ſous prétexte que nous ne ſommes pas en état de la partager dignement. La meilleure & la ſeule vraie préparation à ce devoir & à tous les autres de la religion, eſt une bonne & vertueuſe vie. Par-là, l'eſprit ſe conſerve dans une telle habitude de dévotion, qu'il ne faut plus qu'un petit récueillement pour être en état de faire dans l'occaſion quelque acte particulier d'adoration ou d'obéiſſance; & ſans cela, il ne peut y avoir d'erreur plus grande, ni plus funeſte, que de ſuppoſer que quelques jours ou quelques ſemaines paſſés dans la retraite & dans la priere, nous rendent plus agréables à

Dieu, ou mieux disposés à remplir un devoir si important. Ce devoir est indispensable à tous, pour être approuvé par l'Etre Suprême, & pour être avantageux à nous-mêmes. C'est pourquoi je ne vous conseillerai point de lire quelqu'une de ces préparations journalieres, qui sont capables de guider l'esprit dans l'erreur, en lui apprenant à demeurer dans une ombre de piété qui raisonnablement n'est pas suffisante. Le meilleur livre que j'ai encore rencontré sur ce sujet, est un ouvrage de l'évêque de Vinchester, qui a pour titre : *Recherches simples sur la nature & l'objet du sacrement de la communion.*; (c'est à ce livre que les priéres ci-dessus mentionnées sont jointes.) Il mérite bien d'être lû avec attention. Le but de l'institution de ce sacrement y est parfaitement expliqué, & il est aussi bien écrit que pensé. Il est dépouillé de tous ces voiles mystérieux qu'on y avoit répandus artificieusement pour tromper les hommes; & il est à la portée de tout le monde, lisez cet ouvrage avec la plus grande attention : vous y trouverez toutes les instructions nécessaires concernant les rites de l'Eglise, & tous les motifs raisonnables pour les accomplir scrupuleusement & avec constance. La pratique sincere de ces devoirs de la religion nous acquite tout naturellement de ceux de la société qui peuvent tous être compris dans cette regle générale : faites aux autres ce que vous voudriez qui vous fût fait.— Mais nous en parlerons dans la suite : je vous donnerai d'abord mes avis concernant l'emploi du tems ; car, il est de la plus grande importance de suivre une certaine méthode dans la vie, qui puisse être avantageuse à vous-même & aux autres.

De l'emploi du tems.

Le tems est inappréciable, & sa perte ne peut se réparer. Le souvenir d'en avoir fait un mauvais usage, doit être un des tourmens les plus aigus pour ceux qui

qui ſont aux portes de l'éternité. Et en effet, quelles réflexions accablantes ne doit pas produire le ſouvenir des années entieres qu'on a paſſées dans l'oiſiveté & le déſordre ; malheureuſement nous n'en voyons tous les jours que trop d'exemples. Conſidérez chaque jour comme une feuille de papier blanc qu'on a miſe dans vos mains pour être remplie ; ſouvenez-vous que les caracteres ſubſiſteront juſqu'aux ſiecles les plus reculés, & ne ſeront jamais effacés. C'eſt pourquoi, ayez toujours ſoin de n'écrire ſur ce papier que ce que vous y pourriez lire avec plaiſir mille ans après. Je ne pouſſe cependant pas la ſévérité, juſqu'à vouloir vous priver de quelque plaiſirs innocens, convenables à votre âge, & analogues à votre inclination. Les divertiſſemens bien réglés ſont non-ſeulement permis, mais même ils ſont abſolument néceſſaires à la jeuneſſe. Ils ne deviennent criminels, que quand ils ſont pris à l'excès ; c'eſt-à-dire, lorſqu'ils s'emparent de toute notre penſée, qu'on en fait la principale affaire de la vie, & qu'ils nous dégoûtent de toute autre occupation utile; & enfin lorsque, par une sorte d'enivrement, ils laissent l'esprit dans un état violent d'impatience d'en achever un pour en commencer un autre. Telle est la malheureuse disposition de bien des gens; mettez tous vos soins pour vous en préserver, car rien ne peut attirer des suites plus pernicieuses. Un peu d'observation vous convaincra que parmi l'espece humaine, il n'y a pas d'êtres plus misérables, que ceux qui ne sauroient vivre sans une succession constante de divertissemens. Ces sortes de personnes n'ont aucune idée des plaisirs bien plus satisfaisans qu'on goûte dans la retraite, ils sont incapables de refléchir un moment, & conséquemment la solitude doit leur être insupportable. Ils sont à charge à eux-mêmes & à tous ceux qu'ils connoissent, car ils cherchent en vain le bonheur dans la société où ils sont rarement agréables. Je dis en vain, car le vrai bonheur n'exiſte que dans le cœur, rien au dehors ne peut le procurer. Le plus grand qu'on puiſſe obtenir, par ce qu'on appelle une vie agreable, eſt un oubli momentané des miſeres de la vie, qui ſera ſuivi de chagrins ſans nombre dans tous les intervales de réflexion. Ce caractere inquiet & turbulent eſt ſouvent le fruit d'une pourſuite trop ardente du plaiſir dans les premiers tems de la vie, & du mépris de ces occupations précieuſes qui auroient poſés les fondemens d'une félicité plus réelle & plus durable. La jeuneſſe eſt la ſaiſon des plaiſirs; mais c'eſt auſſi la ſaiſon d'acquérir des connoiſſances, de fixer des habitudes utiles, & de faire un magaſin de matériaux bien choiſis qui procureront un bonheur tranquille & ſerein. Ce bonheur augmentera avec l'âge, & fleurira dans la plus grande perfection juſqu'au declin de la vie. Le grand art de l'éducation conſiſte à aſſigner à chaque occupation, ſa propre place, de maniere que l'une ne devienne jamais fatigante en empiétant ſur l'autre.

Notre ſéparation m'ayant empêchée de remplir la tâche agréable de votre éducation, & n'ayant pu réunir de mon mieux tout ce qui auroit pu tourner à la fois à votre avantage & à votre plaiſir, il ne me reſte plus qu'à vous donner des regles générales, que les événemens forceront quelquefois de changer. — Cela doit être laiſſé à votre prudence, & je ſuis convaincue que vous avez une portion ſuffiſante de jugement pour être très-capable de vous conduire dans l'occaſion, de la maniere la plus raiſonnable.

Des occupations utiles.

C'eſt une excellente méthode d'employer toute la matinée à l'étude; le ſoir on peut ſe permettre des divertiſſemens. J'entends par divertiſſemens, les viſites de ſociétés, les lectures intéreſſantes & les ouvrages agréables de l'Aiguille;

aussi bien que les jeux, les bals, les cartes, &c, que cette dénomination regarde plus communément. Depuis le dîner jusqu'au souper, vous employerez ainsi votre tems d'une maniere variée & raisonnable : mais ne souffrez jamais qu'aucun de ces divertissemens prenne place dans la premiere partie du jour qui doit être entiérement consacrée aux occupations utiles Une demiheure avant, ou immédiatement après le déjeûner, je voudrois que vous fissiez constamment une lecture attentive, de quelque auteur d'une piété raisonnable, ou de quelque partie du nouveau testament. Vous devez connoître parfaitement ce dernier ouvrage, qui est en effet toute l'Ecriture Sainte, & qui est la base de votre religion. Vous rétirerez un profit plus réel de cette pratique, qu'on ne peut le supposer, quand on n'en a jamais fait l'expérience.

Les autres heures peuvent être partagées entre ces connoissances nécessaires & agréables qui conviennent à votre âge, à votre ſexe & à votre rang dans la ſociété. Etudiez à fond votre langue, afin de pouvoir la parler & l'écrire correctement. Ne vous contentez pas de l'uſage commun des mots que vous avez appris dès le berceau ; mais ſachez d'où ils ſont dérivés & quelle eſt leur propre ſignification. Vous devez ſavoir le françois auſſi bien que l'anglois ; & vous pourrez y joindre l'italien ſans beaucoup de difficulté. Acquérez une bonne connoiſſance de l'hiſtoire, celle de votre propre pays d'abord ; & puis celle des autres nations de l'Europe. Liſez la, non dans la vue de vous amuſer ; mais pour améliorer votre eſprit : & d'après ce but, faites, ſur ce que vous avez lu, des réflexions qui puiſſent être utiles à vous-même, & rendre votre converſation agréable aux autres. Apprennez la géographie, afin de vous former une juſte idée des lieux dont il eſt parlé dans l'hiſtoire ; par-là l'hiſtoire, elle-même, vous intéreſſera davantage. Il vous eſt néceſſaire de ſavoir parfaitement les quatres premieres regles de l'arithmétique ; vous n'aurez jamais beſoin d'en ſavoir davantage, & l'eſprit ne doit pas être ſurchargé d'une application inutile. La muſique & le deſſin ſont des arts parfaits qui méritent bien la peine d'être cultivés avec ſoin, ſi votre goût ou votre génie vous portent à l'un ou à l'autre ; ſi-non ne les entreprenez point : car vous ne ferez que prodiguer inutilement beaucoup de tems & de travail, étant impoſſible d'arriver à quelque dégré de perfection dans ces arts, par la ſeule force de la perſévérance, ſi l'on n'a pas une bonne oreille & un génie naturel. L'étude de la philoſophie naturelle vous paroîtra, tout-à-la fois, agréable & inſtructive : agréable, par les nouvelles découvertes que vous ferez continuellement des beautés variées, & ſans nombre de la nature (le deſir de cette connoiſſance ſi précieuſe a été ſagement enraciné dans l'eſprit humain) & inſtructives, parce que ces découvertes menent à la contemplation du grand auteur de la nature, dont la ſageſſe & la bonté brillent ſi manifeſtement dans tous ſes ouvrages, qu'il eſt impoſſible d'y réflechir ſérieuſement ſans admiration & réconnoiſſance.

Quoiqu'il y ait, ma chere fille, beaucoup d'autres études capables d'orner & d'améliorer l'eſprit, je ne vous recommanderai que celles-là. Ce n'eſt pas qu'il y ait quelque eſpece de connoiſſance au-deſſus de votre capacité, au contraire, vous avez une facilité pour apprendre à laquelle je penſe qu'il ne faut pas trop vous livrer. On a objecté, contre toute femme qui ſait plus que l'économie domeſtique, que cela tend ſeulement à remplir l'eſprit du ſexe d'une vanité ridicule. Cette vanité emporte les femmes au-delà de leurs propres occupations, occaſionne une indifférence, ſi ce n'eſt un oubli total de leurs affaires de famille, & ne ſert qu'à les rendre des épouſes inutiles & des compagnes impertinentes. Il faut avouer que quelques femmes ſavantes n'ont que trop donné matiere à cette objection, & que ſi l'on pouvoit prouver que la ſcience produit conſtamment le même effet dans tout le ſexe, il ſeroit certainement très-raiſonnable de borner les talens d'une femme aux ſimples détails domeſtiques, tels que ceux de nourrir ſes enfans, de regler la dépenſe de la table, &c. Mais, en réfléchiſſant, on verra, je crois, que des conſéquences auſſi mauvaiſes procédent principalement d'une trop grande imbécillité d'eſprit pour être capable de beaucoup d'accroiſſement, ou d'une pure affectation de ſcience vuide de toute réalité. La vanité n'eſt jamais le réſultat du vrai ſavoir. Une femme ſenſée ſera bientôt convaincue que toute la ſcience qu'elle a acquiſe avec la plus grande application, ſera, par la différence de l'éducation, inférieure de beaucoup de dégrés à celle d'un étudiant de l'univerſité. Cette reflexion la maintiendra toujours dans la modeſtie, & ſera un frein puissant a cette loquacité qui rend quelques femmes insupportables dans la société.

Devoirs des femmes.

Le maniement de toutes les affaires domestiques est certainement la propre occupation des femmes ; & quoiqu'une telle assertion paroisse grossiere & contraire à la mode, il n'est certainement pas au-dessous de la dignité d'une femme, quelque haut que soit son rang, de savoir élever ses enfans, gouverner ses domestiques, ordonner une table élégante avec économie, & conduire toute sa maison avec prudence, régularité & méthode. Si elle manque dans un de ces points, quelques soient ses progrès dans toute autre sorte de connoissance, elle sort de son caractere ; & en ne se mouvant pas dans sa propre sphere, elle devient plutôt l'objet du ridicule que de l'approbation ; mais je crois qu'on peut affirmer avec vérité, que la négligence de ces devoirs domestiques a moins souvent pour cause, un trop grand attachement pour les connoiſſances qui ornent l'eſprit; qu'un amour exceſſif de diſſipation, une paſſion ridicule pour l'habillement & la parure, ou un faux orgueil qui leur fait regarder tous ces détails, comme convenables ſeulement à des eſclaves & au-deſſous de l'attention d'une femme élégante. De quelque cauſe qu'une telle négligence provienne, il eſt également impoſſible de l'excuſer. Si quelque choſe peut juſtifier une coutume inconnue à nos ancêtres, que la force de la mode a rendu ſi générale parmi les femmes modernes, je veux dire celle de confier à différens ſerviteurs, le ſeul maniement de leurs affaires de famille; on ne peut certainement pas excuſer l'ignorance dans les choſes de cette nature, quand elle eſt pouſſée au point de rendre une femme incapable de donner des ordres directs dans la moindre occaſion. Cette ignorance extrême la rendra mépriſable, même à ces ſerviteurs, ſur l'intelligence & la fidélité, desquels elle se repose & dont elle dépend, pour la régularité de sa maison, la propreté, l'élégance & la frugalité de sa table; ce dernier article est rarement considéré par ces sortes de gens, qui trop fréquemment en imposent à ceux qui se fient aveuglement à eux: c'est pourquoi, connoissez bien à fond les moyens les plus convenables pour conduire une maison, & la dépense nécessaire que chaque article doit occasionner en proportion de leur nombre, afin de pouvoir acquérir une certitude raisonnable de n'être jamais grossiérement trompée, sans toutefois vous faire une occupation basse & ridicule de suivre vos domestiques, & de les épier dans chaque coin obscur de votre maison. Rien n'est moins difficile à acquérir, que cette connoissance qui n'exige qu'une observation exacte & attentive. Depuis peu, l'usage s'est établi dans plusieurs grandes maisons, de retarder les paiemens des ouvriers & des marchands : sans en chercher

la

la raison qui est étrangere à mon but; il est certain qu'en général il vaudroit mieux, tant pour les marchands que pour les acheteurs que cela ne fût pas ainsi. Et quelle difficulté ou quel inconvénient peut-il y avoir dans une maison bien réglée, d'établir un intendant, ou un homme d'affaire, pour payer chaque chose au moment de l'achat. Cette ancienne pratique (quoiqu'en elle-même très-louable) n'est point à présent & ne sera peut-être jamais autorisée par la mode. Quoi qu'il en soit, faites-vous une regle de contracter le moins de dettes possibles. On achete beaucoup de choses, meilleures dans leur espece & à plus bas prix, en les payant au moment de l'achat. Mais si pour éviter l'embarras supposé des fréquens petits déboursemens, vous aimez mieux rassembler les plus petites dépenses dans un régistre, faites une note de la quantité & du prix à chaque article; travaillez ces notes & comparez-les. Que tous les mémoires soient payés régulièrement chaque quartier; car il n'eſt pas raiſonnable d'attendre qu'un marchand vous accorde un plus long crédit, ſans lui rendre l'intérêt de ſon argent, qu'il a avancé pour acheter ce qu'il vous vend : & ſi vous vous trouvez gênée en payant à la fin des trois mois, ſoyez sûre que cet inconvénient a pour cauſe votre trop grande dépenſe, qu'il augmentera conſéquemment dans ſix mois & deviendra encore plus grand à la fin de l'année. En faiſant des paiemens à délai court, cette erreur vous paroîtra bientôt ſenſible & vous aurez d'abord plus de facilités pour retrancher quelques ſuperfluités, qu'après y avoir été longtems habituée.

Comment elles doivent ſe conduire dans l'intérieur de leur maiſon.

Si votre maiſon eſt gouvernée par un intendant auquel les autres domeſtiques ſoient comptables; qu'il vous rende compte auſſi à ſon tour & qu'il dépende entiérement de vous. Examinez soigneusement ses comptes & ne laissez passer aucun article qui ne soit bien clair. Faites-vous remettre ces régistres chaque matin ; par-là vous rassemblerez aisément ce qu'ils contiennent sans fatiguer votre mémoire ; vos comptes étant courts, seront reglés avec moins d'embarras & plus d'exactitude. Si vous ayez quelque domestique dont la famille & l'éducation soient supérieurs à cet état de dépendance où le malheur l'a réduit, vous devez le traiter avec une indulgence particuliere. S'il a assez d'intelligence pour qu'on puisse converser avec lui, & assez de reserve pour garder toujours le maintien qu'il doit avoir vis-à-vis de vous, évitez autant qu'il est possible tout ce qui pourroit lui rappeller le triste souvenir de son ancien état ; regardez-le comme un ami soumis, & souffrez dans l'occasion qu'il vous fasse, pour ainsi dire, compagnie. Mais ne vous abaissez jamais à vous entretenir avec ceux qui par leur naiſſance, leur éducation & les premiers momens de leur vie, ne ſont point ſupérieurs à l'état de ſervitude. Leurs eſprits aſſortiſſent à leur condition, & ennivrés de la moindre familiarité, ils deviennent pareſſeux & impertinens. L'habitude que beaucoup de dames ont contracté de parler avec leurs femmes-de-chambres & de les conſulter, a tellement gâtée cette eſpece de domeſtiques, qu'on en rencontre peu qui ne commencent leur ſervice, par vous dire, ſans que vous leur demandiez, quelle eſt leur opinion ſur votre perſonne, votre habillement, ou la conduite intérieure de votre maiſon: & cette opinion eſt toujours adroitement accompagnée de la flatterie, qui eſt trop généralement bien accueillie. Si cette premiere démarche eſt approuvée, bientôt après elles vous offriront leur ridicule avis, en toute occaſion, pour vous contrarier & vous chagriner. Arrêtez la premiere apparence d'une telle impertinence par une reprimande aſſez févere pour en prévenir la répétition. Donnez vos ordres d'une maniere simple & distincte, avec un bon naturel joint à une fermeté qui montre qu'il faut les exécuter ponctuellement. Traitez vos domestiques avec une telle douceur & affabilité que vous en soyez servi plutôt par affection que par crainte; qu'ils se trouvent heureux de dépendre de vous. Donnez-leur du loisir pour leurs propres affaires, du tems pour des récréations innocentes & plus spécialement pour assister au service public de l'Eglise, sans quoi vous n'avez pas droit d'attendre qu'ils s'acquitent envers vous de ce qu'ils vous doivent: quand ils ont tort, dites-leur leurs fautes avec douceur; s'ils ne se corrigent pas après deux ou trois réprimandes, renvoyez-les; mais ne descendez jamais aux reproches & aux emportemens, car cela est imcompatible avec un bon jugement & au-dessus de la dignité d'une femme bien née. Soyez très-exacte aux heures de votre lever, de vos repas, &c. sans quoi il ne sauroit y avoir d'ordre dans votre maison. Exigez de vos domestiques la même exactitude, & ne contrevenez jamais aux regles que vous avez vous-même établies, en différant le déjeûner, en reculant le dîner ou le laissant réfroidir sur la table, pour attendre que vous soiez habillée ; coutume par laquelle beaucoup de femmes introduisent la confusion & font mépriser leurs ordres. Soyez toujours habillée au moins une demi-heure avant le dîner. Puisque je fais mention de cet article important, vous me permettrez une petite digression à ce sujet.

De l'habillement & des modes.

Tout le tems qu'on employe à son ajustement, outre ce qui est nécessaire pour la décence & la propreté, doit être regardé, pour ne pas dire plus, comme un vuide dans la vie entiérement perdu. J'entends par habillement décent, un habillement convenable à votre rang & à votre fortune. Une parure déplacée, est contraire à l'un & à l'autre, & sert moins d'ornement qu'elle ne rend ridicule. Il est nécessaire de condescendre à la mode, jusqu'à un certain point, afin d'éviter l'affectation & la singularité : mais suivre les modes scrupuleusement & même celles qui sont gênantes, c'est prouver indubitablement qu'on a un petit esprit. Ayez une meilleure opinion de vous-même, que de supposer que vous pouvez acquérir quelque mérite par une parure recherchée. Abandonnez le soin de la toilette à celles qui en font leur unique occupation; j'entends à cette espece inutile de femmes, dont toute la vie depuis le berceau jusqu'au tombeau, n'est qu'une scene variée de bagatelles & de niaiseries, & dont l'intelligence n'est capable de rien au-delà. Il n'est permis qu'à ces femmes de passer toute la matinée à leur miroir, occupées à assortir une espece de rubans, à accommoder des boucles ou à déterminer la place d'une mouche au visage ; ce qui est peut-être un des moyens les plus innocens d'occuper leur loisir. Mais, pour vous, prenez le moins de tems qu'il vous sera possible pour vous habiller. Soyez toujours parfaitement propre dans votre personne & dans vos habits, lorsque vous êtes seule ou en compagnie. Regardez tout ce qui est au-delà, comme inutile en soi; les distinctions qui existent dans l'habit nécessaire, n'ayant été établies que pour marquer les différences des rangs : & souvenez-vous que ce n'est jamais l'habit, quelque magnifique qu'il soit, qui renvoye de la dignité & de l'honneur sur la personne ; c'est le rang & le mérite de la personne qui donne de la valeur à l'habit.

Mais pour en revenir à notre sujet, c'est votre propre fermeté & votre exemple de régularité qui pourront seuls conserver un ordre constant dans votre maison. Si par oubli ou inattention vous souffrez quelquefois qu'on désobéisse impunément à vos ordres ; vos domestiques deviendront bientôt si négligens que leurs fautes fréquentes feront naître en vous des mouvemens de colere, qu'une conduite uniforme n'auroit jamais occasionnés. Ne soyez ni fantasque ni capricieuse dans vos goûts ; approuvez avec jugement & condamnez avec raison ; qu'en agissant avec droiture on soit aussi sûr d'obtenir votre approbation, qu'on le sera d'encourir votre mécontentement en faisant le contraire.

Tout ce que je viens de dire, doit vous faire voir que pour remplir vos devoirs domestiques, il est absolument nécessaire que vous ayiez une connoissance parfaite de chaque branche de l'économie du ménage, sans quoi vous ne sauriez corriger ce qui est injuste, approuver ce qui ne l'est pas, ou donner des ordres quand il convient. C'est le manque de cette connoissance qui réduit beaucoup de femmes à un état de grande confusion & de désordre, au renvoi subit du domestique qui avoit le gouvernement de toute la maison, jusqu'à ce que la place soit remplie par un autre d'une égale habileté. Combien une maîtresse de maison doit paroître ridicule & hors de sa place, lorsqu'elle est entiérement incapable de donner des ordres positifs dans une pareille occasion! Ne vous mettez jamais dans ce cas-là. Souvenez-vous, ma chere fille, que c'est la seule propre occupation temporelle qui vous a été assignée par la providence; & dans une chose si indispensablement nécessaire, si facile à acquérir & qui demande si peu d'étude ou d'application pour y parvenir au plus haut degré, le manque même de perfection est entiérement inexcusable, connoissez-en bien la théorie, afin de pouvoir plus aisément la mettre en pratique: & quand vous aurez une maison à gouverner, employez-y toujours tous vos soins & toute votre attention, & que tous les détails soient soumis à votre inspection. Si vous vous levez matin (j'espere que vous n'en avez pas perdu l'habitude depuis que vous n'êtes plus avec moi), ne prodiguez pas un tems inutile à votre habillement, & conduisez votre maison d'une maniere réguliere. Vous trouverez beaucoup d'heures vacantes non employées à cette occupation matérielle, vous ne pouvez mieux faire alors que de les consacrer à des études capables d'orner & d'améliorer votre esprit, d'autant mieux que ces occupations sont plus convenables à votre caractere & à votre inclination. Je ne crois pas qu'un homme de bon sens puisse penser, qu'avec une conduite ainsi reglée, une femme soit une compagne moins agréable & moins essentielle, une mere moins vigilante, ou une moins bonne maîtresse de maison pour toutes les connoissances qu'elle peut acquérir par son activité & son intelligence.

Le matin étant ainsi utilement employé, la derniere partie du jour, comme je l'ai déja dit, sera consacrée au repos & à l'amusement. Quelques-uns de ces amusemens pourront être très-agréables & utiles, tout-à-la-fois, en lisant de bons ouvrages; il y en a plusieurs qui sont en même tems pieux & instructifs, dont je vous recommanderai la lecture.

Des Romans.

Ne vous donnez jamais la peine de lire les contes & les romans, quoiqu'il y en ait quelques-uns qui contiennent un peu de bonne morale, ils ne méritent pas d'être parcourus, étant entremêlés de choses peu décentes; c'est comme si on cherchoit quelques petits diamans parmi des monceaux de boue & d'ordure; quand on les a trouvés ils ont trop peu de valeur pour dédommager des peines qu'ils ont coûtés. Quelques ridicules que soient généralement ces histoires feintes, elles sont ménagées si adroitement, qu'elles excitent une sotte curiosité de voir la conclusion: par ce moyen le lecteur arrive au milieu de mille événemens singuliers & ennuyeux par leur longueur, au dénouement

ment ordinaire, qui est une noce, ou une pompe funébre : cette connoissance inutile n'apporte ni plaisir ni profit. Le meilleur que j'ai encore rencontré de ces sortes d'ouvrages, vaut un peu mieux à lire que de perdre son tems à ne rien faire. Mais quelques-uns ont des conséquences plus dangereuses : car, en traçant des caracteres qui n'ont jamais existés dans la vie, en représentant les personnes & les choses dans un point de vue faux & extravagant, & en donnant à des événemens impossibles des causes qui ne sont pas vraissemblables, ils sont propres à donner à l'esprit une tournure romanesque qui produit souvent de grandes erreurs dans le jugement, & de fatales méprises dans la conduite. J'en ai vu des exemples fréquens, c'est pourquoi je vous conseille de ne jamais lire ces sortes d'auteurs.

Des ouvrages à l'Aiguille.

Les ouvrages à l'aiguille où il y a du dessin & de la symétrie, seront quelquefois un amusement agréable, s'ils se rapportent à votre inclination; mais n'entreprenez jamais de trop grandes pieces que vous ne pourriez achever sans le secours des autres. Rien n'est plus extravagant, sous le nom spécieux de bonne économie, que de meubler sa maison de cette maniere. Combien d'appartemens n'a-t-on pas vu ornés des prétendus ouvrages d'une femme qui peut être n'a jamais achevé deux feuilles dans une forêt artificielle, & qui a payé quatre fois sa valeur aux différentes personnes employées à y mettre la derniere main! La dépense de ces ennuyeux ouvrages ne m'est que trop connue, & j'en parle d'après l'expérience; car en ayant entrepris un pendant plusieurs années, quand il fut entiérement achevé il n'avoit pas de valeur réelle au-delà de quinze livres; & par un calcul fait depuis, il me revint à cinquante par les paiemens des personnes qui y furent employées. J'avois alors dix-sept ans, & l'inexpérience de la jeuneſſe peut ſeule excuſer une telle folie. Des broderies en or & en argent, ou d'autres petits ornemens en ſoie, ſeront bien plutôt achevés. Des ouvrages de ce genre, étant finis dans un été ſans payer des mains étrangeres pour vous aider, & ſans trop vous appliquer, produiront un changement d'amuſement bien choiſi, & comme vous êtes trois, cela ſera plus agréable encore, parce que l'une de vous lira alternativement à haute voix, tandis que les deux autres ſeront ainſi occupées. Vous devez être ſi bien verſée dans tout ce qu'on appelle ouvrage ſimple, quoique la perfection ne demande pas beaucoup de délicateſſe, que vous ſoyiez en état de couper, façonner, coudre & racommoder votre propre linge. Quelques peres & quelques maris préferent que leurs filles & leurs femmes ſoient ainſi entiérement ajuſtées du travail de leurs mains, & croyent fauſſement que cela eſt la plus grande marque d'une exacte économie. S'il arrive que ce ſoit l'inclination ou l'opinion de l'un des deux, il faut toujours y acquieſcer ſans héſiter; mais au défaut d'un tel motif, je n'en vois pas qui rende cette pratique néceſſaire à aucune femme, excepté cependant ſi la modicité de ſa fortune ne lui permettoit pas, ſans ſe gêner, d'avoir une femme-de-chambre, à qui de tels ouvrages, à l'aiguille, appartiennent plus convenablement.

Des Spectacles.

Le théâtre, qui par les travaux ſans relâche de l'inimitable M. Garrick, eſt à-préſent porté à la plus grande perfection, vous fournira, quand vous ferez à la ville, une occupation également raiſonnable & utile. Votre jugement n'y eſt point revolté, ni votre eſprit outragé par l'impertinente repréſentation de pantomimes ridicules. Votre modeſtie n'eſt point choquée des paroles indécentes & obſcenes de ces auteurs qui, au manque d'eſprit, ont ajoutés le manque de bon ſens & de décence. Les défauts de cette nature qui

(par une complaisance blâmable pour un goût corrompu) se sont glissés quelquefois dans les ouvrages des meilleurs écrivains, sont, par sa conduite prudente, généralement corrigés ou omis sur le théâtre. Vous y verrez les meilleures comédies jouées par les meilleurs acteurs : cependant n'allez à aucune dont vous ne connoissiez auparavant le caractere, & qui n'ait été approuvée par des gens d'esprit & de bon sens, comme ayant atteint le vrai but du théâtre, qui est d'instruire & de plaire. Faites attention aux sentimens & à la morale qu'elle renferme ; & alors je crois que vous ne sauriez passer une soirée plus utile & plus agréable.

La danse peut aussi avoir son tour comme un exercice sain & convenable généralement au goût & à la gaieté de la jeunesse.

Des Visites.

Une partie de ces heures qui sont consacrées aux divertissemens, vous paroîtra, sans doute, moins agréablement employée, en rendant & en recevant des visites de pure cérémonie : des visites qui sont une espece de tribut autorisé par l'usage & prescrit par la civilité. Dans ces visites, lorsque la conversation ne roule que sur des bagatelles, faites voir beaucoup de satisfaction au dehors, parlez avec un sourire non affecté, de l'élégance d'un habillement à la mode, du dessin d'une dentelle, d'un assortiment de bijoux, de la coupe d'une manchette & de la grace d'une manche ; non que vous appréciez tout cela réellement : mais d'après l'importance que met à toutes ces choses l'opinion de ceux avec qui vous vous entretenez. Le grand art de plaire est de paroître se plaire avec les autres. Ayez l'air d'être occupée & attentive à tout ce qu'on dit, & sur-tout, évitez ce rire méprisant, qui fait voir qu'on se reconnoît une supériorité de jugement, & qui part d'un mauvais naturel & d'un esprit difficile. Conformezvous au goût & à la capacité de votre ſociété, tant que ce goût ſe bornera aux plus froides niaiſeries. Mais ſi elle eſt aſſez dépravée pour s'amuſer à déchirer l'abſent par les plus cruels ſarcaſmes; ſi elle ſe plaît à découvrir des défauts dans les meilleurs caracteres, ou à rappeller les plus grandes fautes d'un mauvais; alors la religion & l'humanité défendent le moindre degré de conſentement. Si vous n'avez aucune connoiſſance des perſonnes, qui malheureuſement ſont ainſi ſacrifiées à l'envie & à la malignité, & que conſéquemment vous ignoriez le vrai ou le faux de toutes ces médiſances, ſoupçonnez-les d'être toujours mal-fondées, ou au moins beaucoup exagérées. Faites voir votre mécontentement par un ſilence grave, & en ſaiſiſſant la premiere occaſion de changer de converſation. Mais ſi quelque connoiſſance du caractere en queſtion vous met à portée de le défendre, qu'une complaiſance déplacée ne l'emporte pas ſur la juſtice; vengez l'innocence outragée avec toute la liberté & la chaleur d'une amitié sans bornes : & si la faute du coupable peut être palliée, employez toutes les armes que la vérité peut vous fournir, pour adoucir l'erreur. Par ce moyen, outre le plaisir qui naît du sentiment intérieur d'avoir rempli exactement cette grande regle, de faire aux autres ce qu'on voudroit qui nous fût fait, vous recueillerez aussi pour vous-même l'avantage d'être moins fréquemment importunée par de pareils propos, toujours douloureux pour un cœur humain & sensible. Si malheureusement vous connoissez quelques personnes dont le caractere soit naturellement méchant, & que nul sentiment de vertu, nul frein de civilité ne puisse détourner de ces malicieuses saillies qui partent toujours d'un mauvais naturel, faites-leur des visites aussi rares & aussi courtes que la décence le permettra. Il n'y a ni profit ni plaisir à se trouver en pareille compagnie, où les cartes ſeules ſeront admiſes avec quelque avantage.

Du Jeu.

Il ſera bon que vous ſachiez bien jouer tous les jeux qui ſont le plus en uſage, car c'eſt une preuve de grande folie que de s'engager dans quelque choſe ſans la bien faire : mais c'eſt un divertiſſement pour lequel j'eſpere que vous n'aurez point de paſſion, parce qu'il eſt en lui-même, pour ne pas dire plus, très-inutile.

Avec les perſonnes pour qui vous ne ſauriez avoir aucune eſtime, la bonne éducation peut vous obliger de maintenir un commerce de viſites de cérémonie ; mais la politeſſe n'exige pas qu'elles ſoient longues ou fréquentes. En cela on peut ſuivre ſon inclination ſans violer les loix de la bienſéance. Le choix ſeul détermine une liaiſon intime, & ce choix doit toujours être fondé ſur le mérite. Vous ne ſauriez apporter trop de ſoins pour examiner préalablement si ce mérite est vrai ou supposé, la plus grande précaution est nécessaire pour n'être pas trompé par des apparences spécieuses. Une conduite louable, souvent sur une connoissance superficielle, prévient en faveur de personnes qui, étant vues de plus près, se trouvent ne mériter aucune estime. En portant un jugement précipité, on s'engage quelquefois dans une intimité imprudente, qu'on se voit forcé ensuite de rompre ; & cette rupture entraîne souvent beaucoup de désagrémens, & peut-être même des suites très-fâcheuses & durables. C'est pourquoi la prudence enjoint ici la plus grande circonspection.

De l'Amitié.

Peu de gens sont capables d'amitié, beaucoup moins encore ont toutes les qualités qu'on doit rechercher dans un ami. Le point fondamental est une disposition vertueuse ; mais il faut y ajouter un bon esprit, un jugement solide, une humeur douce, une fermeté d'ame, une ſincérité de cœur, & une conduite franche & libre. Quoique ces qualités ſe trouvent rarement unies, ne faites jamais un ami intime d'une perſonne qui manque dans une grande partie. Soyez lente à contracter une amitié, & inviolablement conſtante pour la maintenir. Ne cherchez pas beaucoup d'amis, mais eſtimez-vous très-heureuſe, ſi pendant le cours de votre vie vous en rencontrez un ou deux qui méritent ce nom & qui poſſédent tout ce qu'exige un titre ſi précieux. C'eſt là vraiment le plus grand bonheur de la vie humaine. Une ſanté non interrompue a la voix générale; mais à mon opinion, un tel ami mérite d'autant plus la préférence, que les plaiſirs de l'ame, ſurpaſſent ceux du corps tant par leur nature que par leur progreſſion. Vos maux & vos ſouffrances corporelles ſeront allégés d'une maniere inexprimable par les entretiens d'une perſonne que l'affection rend agréable, & que la raiſon approuve, dont la tendre sympathie partage vos afflictions & vos plaisirs, qui est douce & ferme en même tems dans le reproche de vos fautes. Semblable à un ange protecteur, le véritable ami est toujours attentif à vous avertir des dangers que vous ne prévoyez pas & par des avis donnés à propos, prévient les erreurs auxquelles la fragilité humaine & l'amour-propre nous exposent; c'est-là le vrai devoir de l'amitié. Avec un tel ami, nul état dans la vie ne peut être absolument malheureux. Mais privé d'un tel lien, le ciel nous a si bien formé pour cette société intime, qu'au milieu de l'abondance de la fortune, & avec la plus brillante santé, notre cœur solitaire sentira toujours un vuide affreux qui l'empêchera de jouir d'un bonheur parfait. Si celui qui regle avec un pouvoir suprême tous les événemens, vous fait un don si extraordinaire, que votre cœur soit ouvert sans reserve à un tel ami. Ne cachez point vos pensées secretes; ne déguisez point

vos

vos foiblesses intérieures, mais découvrez votre cœur à la sonde fidelle de l'honnête amitié & ne vous retirez pas si l'endroit touché vous est sensible. Ne découragez point, par un orgueil opiniâtre, la personne qui ose librement condamner quelque mauvaise habitude; mais toujours disposée à la conviction, écoutez avec attention, & recevez avec reconnoissance les reproches doux & obligeans qu'un tendre ami peut vous faire. Quand on vous aura fait sentir une faute, avouez-la ingénuement, & soyez sincere & ferme pour vous en corriger.

Du Mariage.

Heureux est le sort de celle qui trouve dans un mari cet ami inappréciable! mais le hasard est si grand, la fortune si disproportionnée, que je souhaiterois presque que le dez malheureux n'eût été jeté pour aucunes de vous. Cependant comme il est très-probable que quelqu'une de vous prendra cette route importante dans la vie, je vous conjure, mes cheres filles, de n'agir en cela qu'avec la plus grande circonspection & la plus mûre délibération. La fortune & la famille, voilà les seules choses que votre pere a à régler; & quoiqu'il n'ait pas le droit de contraindre, il a toujours indubitablement celui de refuser sa voix. Car de même qu'un enfant est très-excusable de refuser sa main, même après le commandement absolu d'un pere, lorsque son cœur n'est pas d'accord, de même il est très-coupable s'il la donne sans son aveu. Dois-je me condamner ici moi-même? Et pour cette faute impardonnable, dévoiler au grand jour toutes les suites funestes qui furent la vraie punition du mariage le plus malheureux: je vous découvrirai avec la plus grande sincérité cette erreur & toutes celles de ma conduite, desirant sincérement que vous tiriez avantage de ma propre expérience, & que vous évitiez ces écueils contre lesquels j'ai échoué, ou par négligence, ou quelquefois, hélas! par trop de précaution.

Qualités d'un bon mari.

Mais pour en revenir à ce que je vous disois : le premier point à considérer dans le choix d'un compagnon pour la vie, est un principe vraiment vertueux & une bonté de cœur non-affectée. Sans cela vous seriez continuellement tourmentée par des propos indécens & impies. Il y a eu tant de malheureuses victimes de l'opinion ridicule, qu'un libertin réformé fait le meilleur mari, qu'on croiroit, si l'expérience journaliere ne prouvoit le contraire, qu'il est impossible qu'une fille qui a un degré passable de bon sens, soit la dupe d'un sentiment si erroné, qui n'a pas la plus légere apparence de raison pour fondement, & qu'un peu d'observation prouvera être faux dans le fait. Un homme qui a vécu longtems dans la classe de femmes la plus méprisable est très-porté à avoir une mauvaise opinion & même du mépris pour le sexe en général. Incapable d'estimer aucunes femmes, il les soupçonne toutes. Jaloux & irrité sans sujet, sa propre imagination troublée & inquiete est une source continuelle de mauvaise humeur; à cela se joint fréquemment un mauvais usage du monde, la conséquence naturelle d'une vie déreglée, ce qui ajoute encore à l'aigreur du caractere. De quel côté pourroit-on raisonnablement envisager le bonheur avec un tel compagnon! Un peu d'observation vous convaincra bientôt que c'est-là le caractere ordinaire de ceux qu'on appelle libertins réformés. Mais admettez qu'il y ait à cela quelque exception, c'est un hasard sur lequel nulle femme sensée ne risquera la paix de tout le reste de ses jours. Ces filles qui par vanité se croyent capables d'opérer des miracles de cette sorte, & qui s'engagent à un homme dont la jeunesse a été débauchée, dans la sotte attente de le corriger, méritent bien les chagrins qu'elles essuyent généralement. Croyez-moi, ma chere fille, une épouse est moins que toutes les autres femmes, capable de réussir dans une telle entreprise; tâchez de trouver cette vertu dans celui que vous choisirez pour époux, & ne vous flatez jamais de la faire naître. Le bon sens & le bon naturel sont presque également à rechercher. Si le premier manque, il vous sera impossible d'estimer une personne dont la conduite peut vous faire honte; & une estime mutuelle est aussi nécessaire pour le bonheur dans l'état du mariage qu'une affection mutuelle: sans la derniere, chaque jour amenera avec lui quelque nouveau sujet de chagrin, jusqu'à ce que les querelles repétées produisent une froideur habituelle, qui dégénérera bientôt en une haîne irréconciliable. Alors non-seulement vous deviendrez le tourment l'un de l'autre, mais même vous serez l'objet du mépris de votre famille & de tous ceux qui vous connoissent.

Du bon naturel & de la bonne humeur.

Cette qualité de bon naturel est plus que toutes les autres difficile à bien connoître, parce que par une erreur générale on la confond avec la bonne humeur. Cependant dans le fait il n'y a pas deux principes d'action plus essentiellement opposés. Cela demande quelque explication. J'entends par bon naturel, cette vraie bienveillance qui partage le bonheur de tout le genre humain, qui cherche à procurer la satisfaction de chaque individu, suivant toute l'étendue de son pouvoir, qui assiste celui qui est dans la détresse, console l'affligé, répand les bienfaits & communique le bonheur autant que ses facultés peuvent s'étendre. Sur le théâtre particulier de la vie, elle paroîtra d'une maniere éclatante dans le fils soumis & respectueux, le mari affectionné, le pere indulgent, l'ami fidele & le maître doux & compatissant, également aux hommes & aux bêtes ; tandis que la bonne humeur n'est rien de plus qu'une conduite enjouée & agréable qui provient, ou d'une gaieté naturelle d'esprit, ou d'une affectation de manieres prévenantes, jointe à un air affable & complaisant, qui est le résultat d'une bonne éducation, & à une condescendance sans bornes pour les goûts de chaque société. Ce vrai caractere de bonne humeur est, de beaucoup, la qualité la plus dominante. On y a souvent été trompé & on lui a donné le titre bien supérieur d'excellent naturel. Un homme, par ces apparences spécieuses, a souvent acquis ce titre, qui dans toutes les actions de sa vie privée, a été un tyran cruel, chagrin, vindicatif, capricieux & arrogant. Au contraire, l'homme d'un caractere vraiment bienveillant & disposé à étendre le bonheur autour de lui, pourra quelquefois déplaire par un peu moins d'habitude du monde, ou par une franchise de cœur très-louable en elle-même. Incapable de la bassesse de déguiſer ſes penſées, il ſera coupable de petites ſaillies qui porteront l'empreinte de la malignité ou de la mauvaiſe humeur : alors les perſonnes qui ne connoiſſent pas le vrai caractere du bon naturel & de la bonne humeur, & qui les prennent pour des termes ſynonimes, quoique dans le vrai ils n'aient aucun rapport l'un avec l'autre, croiront injuſtement que ces ſaillies proviennent d'un mauvais naturel. Il eſt donc abſolument néceſſaire pour ſe former un jugement droit, d'obſerver cette diſtinction, qui en effet vous préſervera de l'erreur dangereuſe de prendre l'ombre pour la réalite. C'eſt une mépriſe irréparable qui engendre des malheurs ſans nombre.

De ce qui a été dit, il eſt aiſé de voir que ce n'eſt pas l'opinion générale qui fera connoître le vrai caractere de cette aimable vertu ; la ſimple bonne humeur ſuffiſant généralement pour fixer la voix publique en faveur d'un homme dont le cœur eſt entiérement vuide de tout ſentiment de tendresse & de bienveillance, on ne peut décider, avec quelque certitude, quel est le caractere d'une personne que par les scenes les moins remarquables de la vie, & la conduite habituelle qu'il tient dans sa maison. Ces choses non déguisées découvrent l'homme ; qu'il vive dans le grand monde ou dans l'obscurité, la connoissance la plus intime peut seule découvrir son vrai naturel. La meilleure méthode pour n'être pas trompé dans ce cas, est de ne faire aucun fonds sur ce qui paroît au dehors comme étant trop sujet à erreur, mais de se faire une regle d'établir son jugement d'après les sentimens simples & grossiers de ceux qui, dépendant de lui, peuvent l'apprécier sa juste valeur, & qui non-seulement voyent, mais à toute heure éprouvent les bons ou les mauvais effets de cette humeur, à laquelle ils sont soumis. Je veux dire par-là, que si un homme est également respecté, estimé & cheri par ses vassaux, ses dépendans & domeſtiques, depuis le riche fermier juſqu'au laborieux payſan, depuis l'orgueilleux intendant jusqu'au pauvre le plus humble, qui, plein de reconnoiſſance d'être employé, obéit avec ſoumiſſion à toute la race des domeſtiques; vous pouvez conclure avec raiſon, qu'il a vraiment cette bonté de caractere & cette vraie bienveillance qui ſe plaît à communiquer le bonheur, & qui jouit de la ſatisfaction qu'elle répand. Mais s'il eſt haï & mépriſé de ſes domeſtiques, s'ils le ſervent ſimplement par un motif de crainte vuide d'affection, ce qui eſt très-aiſé à déconvrir, quelque puiſſe être ſon caractere en public, quelque favorable que lui ſoit l'opinion générale, ſoyez sûre que ſon caractere eſt tel, qu'il ne produira jamais de bonheur domeſtique. Je me ſuis étendu plus particuliérement ſur cet article, parce que c'eſt une des qualités les plus eſſentielles à conſidérer & à laquelle on ſe trompe plus aiſément qu'à toute autre.

Ne vous décidez jamais, ma chere fille, à donner votre main à un homme qui manquera dans ces points essentiels; étant assurée de vertu, bon naturel, & jugement dans votre mari, vous serez sûre du bonheur. Sans les deux premiers il est impossible d'y atteindre, sans le dernier, dans un degré passable, il sera très-imparfait.

Souvenez-vous que l'infaillibilité n'est pas la qualité propre de l'homme, & que vous éprouveriez bien des contre-tems fâcheux si vous comptiez sur ce qui ne s'est jamais trouvé. Les hommes les meilleurs sont quelquefois contradictoires avec eux-mêmes; ils sont sujets à être entraînés par des écarts soudains de passion dans des propos & des actions que le calme de la raison condamnera. Ils auront quelque bizarerie dans la conduite, quelque singularité dans le caractere, qui les rendront sujets à une mauvaise humeur accidentelle, ou à des plaintes fantasques. Des défauts de cette sorte ombragent souvent le plus heureux caractere, mais ne détruisent jamais la félicité mutuelle, à moins qu'ils n'aient pour cause un ressentiment hors de propos, ou un amour de contrariété qui vient d'un mauvais jugement. La passion n'écoute jamais la raison; son aspect seul l'enflamme & l'irrite. L'homme d'esprit, qui a eu tort, ayant repris son assiete ordinaire, se représentera à lui-même tout ce qui peut avoir irrité contre lui. L'homme de bon naturel avouera sa faute sans qu'elle lui soit reprochée; c'est pourquoi la contradiction est alors entiérement inutile & même très-imprudente; après une répétition elle est également sans nécessité & sans jugement. Quelques singularités dans l'humeur ou dans la conduite, doivent être représentées convenablement de la maniere la plus tendre & la plus amicale; & cela étant fait avec reserve & discrétion sera généralement bien accueilli. Mais si elles sont si habituelles qu'elles ne puissent pas aisément être changées, ne touchez chiez pas trop ſouvent cette corde ; laiſſez les plutôt paſſer ſans les remarquer. Une telle condeſcendance, en faiſant voir votre bonne humeur, cimentera bien mieux votre union ; & ces petits défauts seront plus ſupportables pour vous-même, ſi vous réfléchiſſez aux bonnes qualités ſupérieures, par leſquelles ils ſont grandement compenſés. Il faut vous rappeller, ma chere fille, que ces regles ſont établies ſeulement dans la ſuppoſition que vous ſerez unie a une perſonne qui poſſede les trois qualités eſſentielles au bonheur, que j'ai ci-deſſus mentionnées. Dans ce cas, vous n'avez d'autre conduite à tenir que de remplir ſtrictement les devoirs d'une épouſe ; ſçavoir, d'aimer, de reſpecter, & d'obéir. Les deux premiers ſont un tribut ſi indiſpenſablement dû au mérite, qu'il ſera tout naturellement payé par inclination; ils conduiſent inſenſiblement au dernier, qui, non-ſeulement ſera une tâche facile, mais même agréable ; puiſqu'on ne vous preſcrira jamais rien que de convenable & qui puisse vous déplaire avec quelque raison. Je devrois finir ici cet article ; s'il n'étoit pas plus que possible, que malgré tout ce qui a été dit, vous ne soyiez portée par quelque motif intérieur à oublier la premiere précaution, & que soit par une opinion reçue trop précipitamment, soit par une partialité qu'on ne peut justifier, ou par la force puissante de la persuasion, vous soyiez malheureusement entraînée à donner votre main à un homme dont le mauvais cœur & le caractere inquiet, cachés par une dissimulation profonde, feront évanouir toutes les espérances flatteuses du bonheur. Puisse le ciel favorable vous garantir de cette fatale erreur ! un tel associé est le plus grand de tous les malheurs temporels ; c'est un breuvage mortel qui empoisonne tous les momens de la vie, qui détruit jusqu'aux moindres apparences du contentement ; & bannit cette humeur gaie & tranquille qui seule peut donner un vrai goût pour les plaisirs de cette vie mortelle. Je souhaite très-sincérement que vous n'éprouviez jamais un tel sort, & j'espere que votre prudente circonspection suffira pour vous garantir du danger. Mais la seule possibilité d'un tel événement me met dans la nécessité d'établir des regles pour conserver quelques degrés de satisfaction dans la privation même du bonheur. C'est de beaucoup la partie la plus difficile de mon entreprise présente ; il n'est pas aisé de donner des avis sur ce sujet & encore moins de les pratiquer. L'objet est aussi trop important & trop étendu pour être traité minutieusement dans l'espace d'une lettre ; c'est ce qui fait que je me bornerai aux points les plus essentiels seulement ; & je vous donnerai les meilleures instructions qui sont en mon pouvoir, desirant ardemment que vous n'ayiez jamais occasion d'en faire usage.

Comment il faut ſe conduire avec un mauvais mari.

Si vous êtes unie à un homme dont les principes ſoient peu religieux, il vous eſt impoſſible de remplir une grande partie des devoirs eſſentiels d'une femme: Pour n'en citer qu'un exemple ; celui d'obéiſſance ſera rendu impraticable, parce qu'on vous ordonnera ſouvent des choſes incompatibles avec les premiers principes de la ſaine morale. Cela n'eſt point une pure ſuppoſition ; je parle d'après des faits dont j'ai été ſouvent témoin & que je puis atteſter. Si cela arrive, les raiſons de refus doivent être préſentées avec douceur, ſimplicité & fermeté ; le haſard du ſuccès dépend au moins d'être entendu. Mais ſi ces raiſons ſont rejetées, ou qu'on refuſe de les entendre, & que le ſilence vous ſoit ordonné à ce ſujet, ce qui eſt plus probable ; peu de perſonnes aimant à entendre ce qu'elles ſavent être juſtes quand elles ſont déterminées à ne pas paroître convaincues ; obeiſſez alors & ne pouſſez pas plus loin l'argument ; mais demeurez ferme dans vos principes, & que ni la perſuaſion, ni les menaces, ne puiſſent vous convaincre & vous faire agir d'une maniére qui y ſoit contraire. Il eſt de votre devoir indiſpenſable de refuſer d'obéir à tout commandement oppoſé aux loix de la religion, & il eſt de vôtre intérêt de rejeter toute demande contraire à la prudence, & incompatible avec ce rang & cette dignité que vous devez conſerver dans le monde. Dans le premier cas, votre conſentement ſeroit criminel ; & dans le ſecond, il ſeroit hautement indiſcret, & vous attireroit la cenſure publique. Car un homme capable d'exiger de ſa femme ce qu'il ſait être injuſte, eſt également capable de rejeter ſur elle tout le blâme d'une telle faute, & d'après le même principe, il lui reprochera enſuite ſa mauvaiſe conduite, &

ne manquera pas de nier qu'il y ait eu part. Beaucoup d'exemples ont appuyé ma propre obſervation. Acquieſcez toujours aux choſes d'une nature moins importante, qui ne ſont ni criminelles en elles mêmes, ni dangereuſes pour leurs conſéquences, dès que vous verrez qu'on y inſiſte, quelqu'opposées qu'elles puiſſent être à votre caractere & à votre inclination. Une telle condeſcendance prouvera évidemment que vos refus dans d'autres cas proviennent non d'un eſprit de contradiction, mais purement d'un juſte égard pour ce devoir ſupérieur qu'on ne peut jamais enfreindre avec impunité. La paſſion s'irritera d'une telle conduite; mais la raiſon l'approuvera. C'eſt pourquoi c'eſt la méthode la plus sûre pour faire une impreſſion favorable. Si vous ne réuſſiſſez pas, vous jouirez au moins de cette approbation ſi ſatisfaiſante, qui eſt la compagne inſéparable d'une conduite vraiment pieuſe & raiſonnable.

Si la tâche pénible de vivre avec un caractere chagrin & tyrannique, vous est assignée ; on ne peut rien vous recommander de meilleur qu'une soumission patiente à un malheur qui est sans remede. Le mauvais naturel s'accroît & l'opiniâtreté s'enracine par la contrariété. Moins un tel caractere est contrarié, plus il est supportable à ceux qui ont le malheur d'être sous son influence empoisonnée. Quand tous les efforts pour plaire sont infructueux, & qu'un homme paroît déterminé à trouver du mal à tout, comme si son plus grand plaisir consistoit à tourmenter ceux qui sont autour de lui, il faut un degré extraordinaire de patience & de courage pour s'abstenir des reproches qu'une telle conduite mérite si justement. Il est encore absolument nécessaire pour maintenir quelque degré de tranquillité, non-seulement d'éviter toute expression de ressentiment, mais même ces regards fiers qui accompagnent d'ordinaire un silence méprisant ; ces deux choses tendant également à augmenter le mal. Ce plaisir diabolique, de causer du tourment, est infatigable dans la recherche de tout ce qui peut le satisfaire ; & on pourra le trouver ou le faire naître dans presque toutes les circonstances de la vie. Mais si on le laisse suivre son cours malicieux, sans y mettre obstacle & même sans y prendre garde, on verra bientôt ses pointes émoussées, & il périra de dépit & d'ennui. Tandis que, tous les efforts pour ramener le calme, toutes les plaintes de mauvais traitement aiguiseroient contre vous-même le tranchant de l'arme ; & en prouvant que vous êtes sensible à la blessure, donneroient à celui qui l'a faite la satisfaction qu'il desire. La prudence demande ici plus qu'une circonspection ordinaire. Que chaque partie de votre conduite soit aussi intacte qu'il est possible ; évitez même jusqu'aux moindres apparences du mal, & après avoir fait tous vos efforts pour mériter l'approbation, ne vous attendez pas à l'obtenir. Par ce moyen vous éviterez la mortification d'avoir été trompée dans votre espoir. Cette mortification souvent répétée pourroit donner à votre caractere une aigreur sombre qui est incompatible avec le plus petit degré de satisfaction. Il faut aussi apprendre à vous contenter, autant qu'il est en votre pouvoir, du sentiment intérieur d'une bonne action, & regarder avec une indifférence bien décidée tous les mauvais succès que pourront avoir vos tentatives pour plaire.

J'avoue que cette leçon de philosophie est très-difficile à mettre en pratique, & qu'elle n'exige rien moins qu'un pouvoir absolu sur les passions. Mais souvenez-vous qu'un tel pouvoir vous récompensera amplement de toutes les peines qu'il vous aura coûté à acquérir. D'ailleurs, c'est je crois le seul moyen de conserver quelque tranquillité d'esprit dans une union si malheureuse.

Comme l'art ne peut cacher le manque d'esprit, & que nulle adresse ne peut le déguiser, une femme de bon sens doit regarder comme impossible de s'unir à une personne qui manque dans ce point, d'autant mieux que cela rend impraticable cette sorte de société raisonnable qui constitue le principal bonheur d'une telle union. Cependant combien de fois n'a-t-on pas remarqué dans cette occasion la foiblesse du jugement des femmes! les avantages d'une grande supériorité dans le rang ou dans la fortune, les ont fréquemment séduites au point de l'emporter dans leur opinion, non-seulement sur la folie, mais même sur les vices de celui qui les possédoit. Erreur insigne, toujours tacitement reconnue par un repentir subséquent, lorsque les plaisirs attendus de l'abondance, des équipages, & de toute la pompe éclatante d'un faste inutile, sont trouvés par expérience insuffisans pour balancer la privation de cette satisfaction constante, qui reſulte de la joie paiſible de converſer avec un ami raiſonnable. Ce motif, quelque foible qu'il ſoit reconnu, eſt encore plus excuſable qu'un qui a quelquefois prévalu, & qu'il faut bien redouter; je veux dire, un ſi grand amour d'autorité qu'on donne la préférence à une perſonne d'un eſprit médiocre dans l'eſpoir, par-là, de tenir deſpotiquement les renes du gouvernement. Cette attente eſt auſſi très-mal fondée; l'obſtination & l'orgueil étant généralement les compagnons de la folie. Les gens les plus ſots ſont d'ordinaire les plus attachés à leur opinion, & par conſéquent ils ſont plus difficiles à gouverner que d'autres; mais admettons le contraire; ce principe eſt mauvais en lui-même, tend à renverſer l'ordre de la nature, & eſt contraire aux deſſeins de la providence.

Une femme ne ſera jamais plus ridicule que quand elle paroîtra gouverner ſon mari. Si malheureuſement la ſupériorité d'eſprit eſt de ſon côté, l'aveu manifesté de cette supériorité la rend méprisable aux yeux de toutes les personnes sensées, & fixera probablement dans leur esprit un dégoût qu'elle ne pourra jamais vaincre. De peur que cela ne vous soit un jour nécessaire, souvenez-vous que, dans ce cas, un peu de dissimulation est louable : mais il n'en faut avoir qu'autant qu'il est nécessaire, pour que ce manque d'esprit ne soit pas observé. Si votre mari juge mal, ne le contrariez jamais ouvertement, mais ramenez-le insensiblement à une autre opinion, d'une maniere si sage & si discrete, qu'elle paroisse entiérement la sienne propre ; & laissez-lui revenir la gloire de chaque détermination prudente, sans avoir la folle vanité de prétendre à quelque mérite pour vous-même. C'est ainsi qu'on peut aider une personne d'un esprit médiocre, de maniere qu'en plusieurs occasions elle brillera d'un lustre emprunté qu'on distingue rarement du naturel, & qu'elle sera, pour ainsi dire,

dire, habituée à agir convenablement dans toutes les rencontres communes de la vie. Quelque bizarre que cette situation puiſſe paroître, elle eſt appuyée de l'expérience; & j'ai vu la méthode pratiquée avec ſuccès par plusieurs perſonnes. Par ce moyen un eſprit foible, étant ſagement guidé dans tout ce qu'il doit diriger, paroît agir ſeul & de ſon propre mouvement : ſemblable à la ſtatue de la divinité de Delphes qu'on croyoit rendre elle-même ſes oracles; tandis que l'humble Prêtre qui prêtoit ſa voix, étoit caché par l'autel, & n'aſpiroit à d'autre gloire qu'à une obéiſſance ſuppoſée à la Divinité qu'il ſervoit.

On peut conclure de-là que par une conduite ſage & prudente, la tranquillité & le contentement peuvent, au moins, ſe trouver avec un mari qui n'a pas un eſprit ſupérieur; mais alors la vertu & le bon naturel ſont préſuppoſés, car ſans cela on ne peut compter ſur rien. Un fou vicieux & méchant, étant un associé si intraitable & si fatiguant, qu'il ne manqueroit plus que d'y ajouter la jalousie pour rendre la malédiction complette.

De la jalousie.

Si on laisse une fois cette passion s'établir dans le cœur, il sera bien difficile de l'extirper ; c'est une source constante de tourment pour le cœur qui la reçoit, & un fonds inépuisable de chagrin pour la personne qui en est l'objet. Avec une personne qui a cette malheureuse disposition, il est prudent d'éviter la plus petite apparence de déguisement. Un petit mot dit à l'oreille dans une grande compagnie, un message donné à voix basse à un domestique, ont été, par le pouvoir d'une imagination troublée, regardés comme une injure capitale. Tout ce qui a l'air du secret porte la terreur dans un esprit naturellement méfiant. Une ouverture sans reserve, tant dans la conduite, que dans la conversation, détruit l'attente impatiente de découverte, & doit probablement amener cette confiance habituelle qui est le seul antidote contre le poison de la jalousie. Il est plus aisé de prévenir que de dissiper une mauvaise impression; & conséquemment il est beaucoup plus sage de manquer quelquefois à des petits points de civilité indifférens en eux-mêmes, & qui suffiroient par une bizarrerie singuliere pour choquer un homme dont il est également de votre devoir & de votre intérêt d'assurer la tranquillité. Il vaut beaucoup mieux encourir patiemment la censure de caractere frivole, en faisant des récits circonstanciés & non demandés, d'événemens inutiles & indifférens, que de donner quelque sujet à votre mari de s'inquiéter de votre silence & de votre réserve. Cette façon d'agir constante, étant jointe à une complaisance raisonnable, est le plus sûr moyen pour guérir cette tournure inquiete de caractere. Car, en écartant tout ce qui pourroit lui donner de la force ; le manque de matiere pour l'entretenir doit causer par la suite son anéantissement. Si malheureusement cette passion est tellement enracinée dans l'ame, qu'elle devienne en un sens inséparablement unie avec elle ; il ne reste plus qu'une soumission patiente à la volonté du ciel, sous l'oppression d'un mal invariable. Gardez-vous avec soin de la conséquence naturelle de soupçons injustes trop souvent répétés ; je veux dire, une indifférence naissante qui se termine fréquemment par une aversion décidée. Considérez une telle situation comme une épreuve d'obéissance & de résignation, & jouissez de la consolation qu'on goûte à pratiquer une des vertus les plus sublimes de la religion chrétienne. Je ne puis finir cet article sans y ajouter une précaution particuliere pour vous-même.

La jalousie est, à plusieurs égards, encore moins excusable dans une femme,

Rien ne l'expoſe davantage au ridicule ; & à être inſultée par des lettres outrageantes. C'eſt une porte ouverte à tous les malheurs poſſibles, la ſource fatale d'indiſcrétions ſans nombre, la deſtruction aſſurée de ſa propre paix, & il arrive preſque toujours que définitivement elle perd l'affection de ſon mari. Ne donnez pas même à ſon ombre une retraite momentanée dans votre cœur ; fuyez d'elle comme vous fuyeriez à l'aſpect d'un ennemi qui conduiroit vos pas imprudens dans un gouffre de miſere ſans fin. Une fois embarquée dans la route du mariage, moins vous découvrirez de défauts dans votre aſſocié, plus vous ſerez heureuſe. Ne cherchez jamais ce qui ne doit pas vous donner de plaiſir à trouver ; & ne deſirez point entendre ce que vous n'aimeriez pas qui fût dit. C'eſt pourquoi évitez cette foule d'impertinens, qui, ſoit par un amour malicieux de diſcorde, ou par un motif moins criminel de ſe rendre agréables aux autres en

ſatisfaiſant leur blâmable curioſité, ſé-
ment la diſſenſion par-tout où ils ſont admis. En diſant des vérités fâcheuſes, ou en inſinuant des fauſſetés qu'ils ont eux-mêmes inventées ; ils outragent des gens innocens, troublent l'union domeſtique & détruiſent la paix des familles. Traités ces émiſſaires de Satan avec le mépris qu'ils méritent ; n'écoutez point ce qu'ils offrent de vous communiquer ; mais donnez-leur une fois à entendre que vous ne ſauriez regarder comme vos amis, ceux qui parlent d'une maniere déſavantageuſe des perſonnes que vous aviez toujours regardés de l'œil le plus favorable. Si une telle réprimande ne les réduit point au ſilence, ſoyez inacceſſible à leurs viſites ; & rompez toutes liaiſons avec ces fléaux de la ſociété, qui ſeroient toujours à épier l'occaſion de troubler votre repos.

Si votre mari eſt coupable de quelque indiſcrétion ſecrete, ne courez pas le haſard que ces malicieux intriguans disent ce qu'il vaut mieux en effet pour vous qui soit ignoré. Mais si quelqu'événement inévitable découvre une correspondance imprudente, regardez comme une marque d'estime, qu'il tâche de vous cacher ce qu'il n'ignore pas que vous désapprouveriez par un principe de raison & de religion. Gardez-vous de lui faire voir que vous en avez connoissance, car vous lui feriez abandonner cette contrainte dans laquelle le tient votre ignorance supposée, & vous risqueriez d'augmenter des déréglemens qui ne seroient plus déguisés. Soyez assurée que dans quelques égaremens que l'entraîne la fougue d'une jeunesse imprudente, il ne sera jamais indifférent pour vous, puisqu'il est si soigneux de conserver votre repos, en vous cachant ce qu'il imagine pouvoir le troubler. Demeurez contente, & assurée que le tems & la raison corrigeront tous les défauts qui ne proviennent point d'un mauvais cœur, & qu'en conservant la premiere place dans son estime ; votre bonheur sera établi sur un fondement trop solide pour être aisément ébranlé.

Je suis entrée dans un si grand détail au sujet du choix d'un mari, & des parties essentielles de la conduite dans l'état du mariage, parce que de-là dépend non-seulement la félicité temporelle, mais même très-souvent la félicité éternelle de ceux qui entrent dans cet état. Car, une scene constante de désagrémens, de mauvais procédés & de querelles, rend nécessairement l'esprit incapable de remplir les devoirs de la religion & de la société, en le maintenant dans une disposition diamétralement opposée à cette piété chrétienne, cette bienveillance habituelle & cette tranquillité raisonnable qui seule peut le préparer à la félicité éternelle.

Des instructions à ce sujet, vu votre extrême jeunesse, pourroient paroître prématurées & devoir être différées jusqu'à ce que l'occasion les nécessitât, si notre position me donnoit fréquemment les moyens favorables pour vous faire part de mes sentimens : mais, n'étant point dans ce cas-là, j'ai préféré vous donner en même-tems, dans cette lettre, mes meilleurs avis dans toutes les circonstances essentielles à votre bonheur, tant actuel que futur, de peur que dans le moment où cela seroit plus convenable, je n'en eusse plus le pouvoir. Vous pouvez différer de réfléchir sur cet article jusqu'à ce que le dessein de prendre un nouveau plan de vie vous rende cela utile ; ce qui, j'espére, n'arrivera pas de quelques années : car, un mariage malheureux est généralement la conséquence d'un engagement trop prompt, la raison n'ayant pas encore acquis une force suffisante pour former un jugement solide, sur lequel seul on peut déterminer un choix convenable. Le danger d'une erreur est bien grand & les effets en sont irréparables. Il y a beaucoup de degrés entre le bonheur & le malheur. L'infortune absolue, j'ose l'assurer, peut être évitée par une bonne conduite, malgré les maux compliqués de la vie humaine ; mais il ne faut pas moins que le plus haut degré de philosophie chrétienne pour parvenir à cette conduite convenable. Et comment risqueroit-on volontairement de faire une si dure épreuve, puisque sur mille on n'a pu encore en trouver un capable d'en sortir victorieux ! Entre l'infortune la plus complette, & le bonheur, il y a des degrés sans nombre. Chacun a ses peines, ses contrariétés, ses tourmens de diverses sortes ; & dans toutes ces positions, le seul avantage qu'on puisse obtenir est une soumission patiente & un aveu intérieur de bonne conduite. Combien la satisfaction qu'on peut retirer de-là, est loin de la félicité temporelle possible ! Ne vous contentez pas de la perspective d'une telle satisfaction, mais ayez un point de vue bien préférable en visant au vrai bonheur, & soyez sûre qu'il ne sera jamais trouvé dans l'état du mariage, si le mari n'a pas les trois qualités essentielles ci-dessus mentionnées, vertu, bon naturel & bon jugement. C'est pourquoi, ma chere fille, si vous prenez le parti de vous marier, souvenez-vous de cet avis, si souvent répété, de ne jamais donner votre main à un homme qui n'a pas ces qualités, quelque autre avantage qu'il possede d'ailleurs : par-là, vous éviterez, non-seulement, tous ces chagrins que mille personnes peu reflêchies se répentent à toute heure de s'être attirés sur elles-mêmes, mais très-certainement, si vous n'avez point de tort, vous jouirez de cette paix domestique non-interrompue, dans la douce société d'un compagnon vertueux, ce qui constitue la plus haute satisfaction de la vie humaine. Une telle union fondée sur la raison & la religion, cimentée par une estime & une tendresse mutuelle, est une sorte d'emblême (si je puis me servir de cette comparaison) de la récompense promise à la vertu dans la vie à venir & très-certainement un excellent moyen pour s'y préparer, en maintenant l'esprit dans une égalité constante, une tranquillité réguliere, qui conduisent naturellement à l'accomplissement de tous les devoirs de la religion & de la société. C'est enfin la route infaillible du vrai bonheur. Ayant beaucoup parlé des premiers devoirs, il me reste à vous dire encore quelque chose sur les autres.

L'ordre & l'économie, sources de bonheur pour soi & pour les autres.

Dans le nombre, on croira peut-être que l'économie est placée mal-à-propos : cependant comme il arrive souvent que lorsqu'on n'en a point, on manque à plusieurs devoirs de la société, il sera plus convenable, qu'on ne l'auroit cru d'abord, de la ranger dans cet article. Un homme qui fait une dépense plus forte que son revenu ne peut la supporter,

porter, ſe met lui-même dans la néceſſité d'être injuſte, en retenant à ſes créanciers ce qu'ils ont droit de lui demander, comme leur étant dû par toutes les loix humaines & *divines.* Par-là, ſouvent il cauſe la ruine d'une famille innocente qui, ſans la perte qu'elle ſouffre par ſon extravagance, auroit ſubſiſté agréablement avec les fruits de ſon travail & de ſon induſtrie : il ſe met également dans l'impoſſibilité de donner à l'indigent le ſecours qu'il a droit d'en attendre par les loix de l'humanité; les biens de la fortune étant donnés, comme l'obſerve très-bien un grand Théologien, pour l'uſage & le ſoutien des autres, autant que pour ceux de la perſonne à qui ils appartiennent. Ces devoirs envers nos ſemblables, ſont certainement très-importans, & conſéquemment le défaut d'économie qui nous les fait violer, doit être regardé comme un très-grand mal.

Maniere de secourir les malheureux.

Vous trouverez que c'eſt une très-bonne méthode de régler votre dépenſe de maniere que vous ayiez toujours en reſerve le quart de votre revenu annuel. Par ce moyen vous éviterez d'être en quelque façon réduite à la miſere par des accidens imprévus, & vous aurez plus de facilité pour ſoulager ceux qui méritent d'être ſecourus. Quand on donne quelques deniers indifféremment à tous ceux qui paroiſſent dans le beſoin, on eſt bien éloigné de mériter des louanges; c'eſt au contraire un tort réel à la ſociété; c'eſt un encouragement à la pareſſe qui ne ſert qu'à remplir les rues de mendians oiſifs. Ceux-ci vivent de bontés mal appliquées au préjudice des pauvres induſtrieux, qui ſont des membres utiles à l'état, & en faveur deſquels on auroit mieux fait d'employer ces bienfaits. Soyez très-réſervée dans ces ſortes de dons ; ils sont un secours inutile pour ceux qui les reçoivent, supposé qu'ils soient réellement dans le besoin, & souvent répétés ils montent à une somme considérable au bout de l'année. Les vrais objets de compassion sont ceux qui, par des malheurs inévitables, sont tombés de l'état d'aisance dans le besoin le plus extrême ; ceux aussi qui, par des contre-tems inattendus, dans le commerce, sont sur le point d'être réduits à l'impossibilité de continuer une entreprise d'où dépend leur fortune présente & à venir, parce qu'ils ne peuvent trouver, sur le champ, une certaine somme pour vaincre la difficulté ; ceux, enfin, qui, par le travail le plus assidu, peuvent à peine fournir à leur famille la subsistance nécessaire ; ou ceux que l'âge & les infirmités rendent incapables de travailler. Consacrez une certaine portion de votre revenu au soulagement de ces besoins réels. Au premier, donnez aussi largement que vos facultés présentes vous le permettront : au second, d'après l'exemple d'un excellent Prélat de votre propre Eglise, prêtez, si c'est en votre pouvoir, une somme suffisante pour prévenir la ruine dont il est menacé, à condition d'être remboursé de votre prêt sans intérêt, si la providence lui en donne les moyens convenables par des succès à venir. La même méthode doit être employée lorsque l'indigence est telle que l'industrie la plus active ne peut donner les moyens d'établir un petit fond ou de l'augmente. Ne prenez jamais de note par écrit, ou de reconnoissance quelconque d'un tel prêt, de peur que le bienfait que vous avez eu intention de faire ne devienne ensuite l'instrument de la ruine de celui qui l'a reçu, par une disposition différente dans votre héritier. Vous ne devez donner de tels secours à qui que ce soit sans connoître à fond son caractere, & sans avoir de bonnes raisons pour le croire non-seulement industrieux, mais même strictement honnête ; ce qui sera une obligation suffisante de sa part pour que vous en soyez payé. Les sommes ainsi rentrées, doivent être mises de côté pour être employées dans l'occasion de la même maniere. L'homme le plus malheureux qui est en état de travailler, sera retiré de la misere par de petites sommes ajoutées à son travail, & par-là même, sera encouragé à travailler. Ceux qui, par l'âge ou les infirmités, sont entiérement incapables de pourvoir eux-mêmes à leur subsistance, ont un droit incontestable aux bienfaits de tous ceux que la providence a placé dans l'état le plus heureux, non-seulement pour le nécessaire, mais même pour les commodités de la vie.

Comme votre fortune & votre état sont encore indéterminés, j'ai à dessein établi ces regles, comme pouvant être adaptées à chaque condition. Une fortune considérable donne une facilité plus grande pour faire le bien & communiquer le bonheur dans un degré plus étendu : mais une petite n'est pas une excuse pour retenir un soulagement proportionné aux vrais & dignes objets de compassion ; c'est un devoir indispensable de la religion chrétienne de les assister. Le premier & le grand commandement, est d'aimer Dieu de tout votre cœur ; le second, est d'aimer votre prochain comme vous-même. Celui qui a vu son frere dans le besoin & a ouvert son cœur à la piété, combien grand est l'amour de Dieu en lui ? — ou combien est grand celui de son prochain ? Si on manque à ces premiers devoirs, c'est en vain qu'on espere être agréable à Dieu, parce qu'on a rempli exactement tous les plus petits préceptes de la loi. La modicité de fortune a souvent été alléguée pour excuse par des personnes qui ne se font point de scrupule de prodiguer journellement à leurs plaisirs ce qui, mieux appliqué, auroit rendu heureuse une famille indigente. Ceux-là perdent de vue le bonheur réel à la poursuite trompeuse de son ombre. Ces plaisirs que la jouissance éteint, sont souvent suivis du remords

& toujours du dégoût ; tandis que la vraie joie, la douce satisfaction qui naissent d'une action bienfaisante, augmentent par la réflexion & sont immortelles comme l'ame. L'accomplissement de nos devoirs est tellement lié à notre intérêt présent & à venir, qu'un esprit judicieux sera sans comparaison plus satisfait, en se refusant quelque agrément de la vie, pour sécourir plus efficacement les malheureux, que s'il employoit toute sa fortune à contenter ses fantaisies.

Quelque modique que soit votre revenu, souvenez-vous qu'une partie en est dûe aux malheureux qui souffrent injustement. Sacrifiez une somme annuelle à ce dessein, quand bien même vous seriez obligée, pour en faire le fonds, de différer quelque dépense agréable. Par ce moyen, des personnes qui n'avoient qu'une petite fortune, ont été dans le cas de faire beaucoup de bien, & de rendre heureux beaucoup de monde. Si votre fonds n'admet point de fréquentes largesses, examinez avec la plus grande circonspection le mérite de ceux que vous secourez, afin que les bienfaits qu'il n'est pas en votre pouvoir de répéter souvent, ne soient pas mal appliqués. Mais si la providence, par une fortune plus ample, vous accordoit le bonheur d'être plus en état de rendre service à vos semblables, prouvez que vous êtes digne de la confiance établie en vous, en en faisant un usage convenable. Autant que vos facultés vous le permettront, changez le cri de détresse & d'infortune, en un chant de joie & de salut; nourrissez celui qui a faim, couvrez celui qui est nud, consolez l'affligé, fournissez des remedes au malade, & en outre procurez à ces malheureux tous les adoucissemens que leur état exige. Par-là, vous vous ferez vraiment un ami de l'argent injuste, & vous changerez les biens périssables de la fortune pour le bonheur immortel. Sur la terre, vous partagerez ce bonheur que vous procurez aux autres, & dans le ciel, vous amaſſerez pour vous-même des tréſors incorruptibles & inépuiſables. Une perſonne qui aura goûté une fois le plaiſir d'une bonne action, ſera engagée à en faire d'autres par le motif de ſon propre intérêt actuel, autant que par celui de l'attente à venir.

De la vengeance.

Quelques-uns ont regardé comme un précepte difficile le pardon des injures, auquel ſeul eſt annexée la promeſſe du pardon de nos propres offenſes. L'Evangile commande non-ſeulement de s'abſtenir de toutes-ſortes de vengeances; mais même d'être également diſpoſé à rendre ſervice de tout notre pouvoir à ceux qui nous ont injuriés, comme s'ils ne nous avoient jamais fait aucun mal. La difficulté de ce précepte n'a d'autre principe que la mauvaiſe diſpoſition du cœur; elle y eſt proportionnée. Un bon naturel trouve un plaiſir extrême à rendre le bien pour le mal, & par un contentement d'esprit inexprimable, il est dès à-présent récompensé de son obéissance ; tandis qu'un esprit vindicatif est incompatible avec le bonheur, un caractere implacable étant la source d'un tourment continuel. L'homme qui rend injure pour injure éprouve un chagrin plus réel par le ressentiment de son propre cœur, qu'il n'est en son pouvoir d'en causer jamais à l'objet de sa haîne.

Si un ami vous a blessé dans l'endroit le plus sensible, en trahissant un secret que vous lui aviez confié, la prudence vous défend de vous exposer a être trompé une seconde fois, en lui faisant à l'avenir quelque confidence. Mais quoique par-là toute obligation d'intimité cesse, celles de bienvaillance & d'humanité restent encore dans toute leur force, & vous engagent également à secourir dans l'occasion la personne qui vous a ainsi trompé, & même à souffrir un moindre mal pour lui procurer un plus grand bien. Tel eſt le devoir de chaque individu envers tous les membres de la ſociété ; mais il eſt particuliérement preſcrit dans le cas préſent, pour faire voir que même une trahiſon de la part d'un ami qui eſt la plus haute de toutes les offenſes, ne doit pas diſpenſer du devoir, en tous tems également & invariablement obligatoire, de procurer, par tous les moyens qui dépendent de nous, le bonheur temporel & éternel de tous nos ſemblables.

En général on penſe qu'il eſt impertinent d'offrir toujours ſon avis ſans qu'on vous le demande. La raiſon principale eſt que trop fréquemment cet avis eſt préſenté avec un air déciſif, qui indique qu'on ſe reconnoît une ſageſſe & un eſprit ſupérieur. C'eſt donc la maniere plutôt que la choſe, elle-même, qui déplaît.

Si ceux avec qui vous avez quelque degré d'intimité, vous paroiſſent coupables de quelqu'injuſtice ou indiſcrétion, faites leur connoître ce que vous en pensez avec liberté, quand bien même cette maniere d'agir devroit vous faire perdre un ami. Le silence vous rend en quelque façon complice de la faute. Vous étant une fois acquitée de ce devoir, demeurez en là; c'est à eux à se juger eux-mêmes. La répétition de tels avis est tout-à-la-fois inutile & impertinente, & elle paroîtroit provenir plutôt d'orgueil que de bon naturel. Il n'y a qu'aux seules personnes qui vous intéressent que vous devez faire connoître que vous désapprouvez leur conduite, & lorsqu'elles sont censurées par d'autres, vous devez dire tout ce que la vérité ou la probabilité vous permettra pou leur justification.

Il arrive souvent que sur une querelle accidentelle entre deux amis, ils en appellent séparément à une troisieme personne : dans ce cas prenez alternativement le côté opposé, alléguant toutes les raisons favorables à la partie absente, & mettant au grand jour tous les

les torts du plaignant. Cette méthode déplaira d'abord probablement; mais elle est toujours raisonnable comme étant la plus sûre pour procurer une reconciliation. Si elle réussit, chacun également reconnoissant, approuvera votre conduite & vous en remerciera : si-non vous aurez au moins la satisfaction d'avoir fait tout ce qui dépendoit de vous pour rétablir la paix. Une conduite contraire, qui provient généralement d'une sotte envie de plaire par flatterie aux dépens de la vérité, change une division momentanée en une inimitié ouverte & irréconciliable. Les gens de ce caractere sont pires que des incendiaires; c'est le plus grand fléau de la société, parce que c'est celui dont il est le plus difficile de se garantir. Ils portent toujours le masque spécieux d'une prétendue approbation & amitié pour ceux qui sont présens, & déchirent impitoyablement les absens.

De tous les autres devoirs de la société.

S'il falloit vous faire l'énumération de tous les devoirs de la société, cela m'entraîneroit trop loin ; il suffit donc, ma chere fille, de vous exposer en peu de mots ce qui reste. Que la vérité repose toujours sur vos levres. Ayez horreur de flatter quelqu'un, & méprisez la personne qui voudroit employer près de vous un art si bas. Que chaque partie de votre conduite & de votre conversation soit franche & ouverte. Tous ceux avec lesquels vous avez quelque liaison, même dans l'état le plus bas, ont droit à votre honnêteté & à votre bonne humeur. Une supériorité de rang ou de fortune n'excuse pas une conduite fiere & dédaigneuse. Un état dépendant, a par lui-même assez de désagrémens ; il est, tout-à-la-fois, injuste & cruel de les augmenter, soit par des manieres hautaines, soit par l'exercice insoutenable d'une humeur capricieuse.

Examinez chaque partie de votre conduite envers les autres par la regle infaillible de supposer un changement de condition ; cela vous conduira certainement à un jugement impartial ; faites alors ce qui vous paroît juste, ou en d'autres mots, ce que vous voudriez qu'on fit à l'égard de vous, ce qui comprend tous les devoirs relatifs à la société. Visez à la perfection, si non vous n'atteindrez jamais à un dégré raisonnable de vertu. Ayez de la religion sans hypocrisie, de la piété sans enthousiasme. Tâchez de mériter la faveur de l'Etre suprême par une obéissance sincere & uniforme à tout ce que vous savez ou croyez être sa volonté ; & s'il permet que les afflictions & les peines obscurcissent quelquefois la clarté de vos jours les plus brillans, recevez-les avec soumission, persuadé qu'un Etre qui prévoit tout, & qui est également sage & bienfaiſant, connoît & veut en même-tems le bien de toutes ſes créatures, & que chaque diſpenſation générale ou particuliere de ſa providence envers celles qui ſont raiſonnables, eſt combinée de maniere à produire le ſouverain bonheur, dont la mauvaiſe conduite des individus peut ſeule les priver. Cette vérité eſt certainement un argument ſans réplique pour une réſignation abſolue à la volonté de Dieu. Une telle réſignation qui a pour fondement la raiſon & l'amour de Dieu, & qui n'eſt pas forcée par la néceſſité, vous procurera une paix inaltérable d'eſprit, fixée ſur une baſe trop ferme pour être renverſée par l'adverſité. Les douleurs, la pauvreté, l'ingratitude, la calomnie & la perte de ceux qui nous ſont les plus chers, nous affecteront chacuns momentanément; mais, étant même réunis, ne ſauroient nous bleſſer mortellement. D'après ce principe vous trouverez qu'il eſt poſſible non-ſeulement d'être paiſible, mais même joyeux, malgré toutes les circonſtances fâcheuſes auxquelles cet état d'épreuve eſt aſſujetti. En en faiſant un uſage convenable, vous écarterez réellement l'image effrayante du dernier de tous les malheurs temporels, & vous apprendrez à voir venir la mort avec plaiſir comme le terme heureux de toutes nos peines, & le commencement de la félicité parfaite & immortelle.

Soyez convaincue que tout ce que je vous dis n'eſt pas une pure théorie. Ma propre expérience m'aſſure à chaque moment que cela eſt d'une vérité inconteſtable : ma conduite envers tous ceux qui vivent encore avec moi, a pour baſe, autant que l'imperfection humaine le permet, ces mêmes regles que j'ai ci-deſſus établies pour vous. Elles produiſent cette tranquillité d'ame conſtante & raiſonnable, qui conſtitue la plus parfaite félicité de la vie humaine, & j'avoue ſincérement, que je ſens tous les jours une ſatisfaction plus réelle & un contentement plus vrai dans la vie retirée que je mene à présent que je n'en ai jamais éprouvé au milieu des plaisirs & des fêtes du grand monde. Cette vie me plaît sans avoir des pensées inquietes pour qu'elle continue, & je suis heureuse dans l'espoir de la changer un jour pour une infiniment meilleure. Mon ame qui n'est point souillée des crimes qu'on m'a injustement imputés, pardonne très-sincérement aux auteurs malicieux de ces imputations, goûte par avance le plaisir d'être un jour pleinement justifiée, & dans cette attente n'est plus affectée du chagrin d'une censure non méritée; j'entends par-là, la demande qui a fait le fondement supposé de la derniere des injures sans nombre que j'ai reçu de la part de celui, dont j'avois lieu d'attendre des procédés plus doux. J'ai certainement beaucoup de fautes à me reprocher, mais à son égard très-peu. En me rappellant tout ce que j'ai fait pendant le cours de plusieurs années, je ne saurois m'accuser d'autre chose que d'une obéissance sans réserve pour ses moindres volontés, lors même qu'elles étoient contraires aux mouvemens de ma propre raison....... Combien j'ai eu tort d'avoir une telle condescendance ! D'autant mieux que par une perfidie & une ingratitude sans égale on m'en a souvent fait un crime.

Il faut cependant avouer, que pendant les deux ou trois dernieres années, fatiguée d'une longue suite d'outrages d'une nature presque impossible à concevoir, mon caractere fut aigri. Un effort de plaire, constant & sans succès, fut changé en une absolue indifférence; & la mauvaise humeur occasionnée par des chagrins fréquens (conséquence dont par expérience je vous ai averti de vous préserver) parut peut-être quelquefois d'une maniere trop évidente. Le ciel seul peut déterminer le point ou les chagrins de toute espece peuvent être donnés pour excuse à cette conduite. C'est lui dont la bonté a jugé convenable de me délivrer de cette pénible ſituation, quoiqu'à préſent ce moyen eſt bien dur pour moi, puiſqu'il eſt cauſe que je ſuis auſſi ſéparée de mes enfans & que je n'ai pu veiller comme je l'aurois ſouhaitée à leur éducation. J'aurois rempli ce devoir ſi cher avec autant de ſoin que de plaiſir, quoiqu'il eût été bien plus étendu par la ſuite, s'ils n'avoient pas ceſſés d'être avec moi; mais comme la providence en a diſpoſée autrement, je me ſuis ſoumiſe avec contentement à chacun de ſes décrets, convaincue que tout eſt réglé pour le mieux, & qu'à la fin, tout doit réuſſir à ceux qui craignent Dieu, & tâchent ſincérement de garder ſes préceptes. Si je me trompe dans toutes ces choſes, c'eſt certainement par une erreur dans le jugement & non dans la volonté.

Ainſi, j'ai tâché, ma chere fille, de compenſer en quelque façon, tant envers vous, qu'envers vos ſœurs, la privation conſtante des ſoins maternels, en vous donnant des avis, autant que ma capacité peut s'étendre sur tous les points essentiels de votre conduite dans la vie, aussi particuliérement que les bornes d'une lettre me le permettent. Puisse ce petit nombre d'avis vous être aussi utile que je le desire ! Puisse cet Etre Tout-Puissant, vers lequel mes prieres journalieres s'élevent pour votre conservation, vous accorder sa bénédiction céleste, vous garder de tout mal moral, vous conduire dans les sentiers de justice & de paix, & nous procurer à tous une heureuse rencontre dans ces régions d'une félicité inaltérable, préparées pour ceux qui, par une constance dans le bien & une patience inébranlable, combattent pour la gloire & l'immortalité.

Quand vous aurez la liberté de suivre votre propre inclination, si quelqu'une de vous vouloit m'écrire, en adressant la Lettre à M. Clutterbuck, Procureur à Bath, elle me sera remise fidélement.

J'ai vu tant d'exemples de mensonge & d'imposture, où ils étoient le moins attendus, que cela justifiera ma précaution, en cas qu'on fît usage de mon nom à mon insçu; d'autant mieux que ma promesse d'une autre Lettre peut servir de fondement à une telle crainte. Cette autre Lettre contiendra le récit de plusieurs événemens que, pour l'honneur de la personne qu'ils regardent, je souhaiterois n'être pas dans la nécessité de rendre publics, mon cœur étant vraiment éloigné de tout ressentiment & vuide de passion. Si donc je puis trouver un moyen sûr d'envoyer ce récit à vos freres & sœurs, & à vous-même, lorsque vous serez tous parvenus à un âge convenable pour le recevoir, & en sentir toute la valeur; ce moyen sera préféré; si non, j'aurai de nouveau recours à la méthode que j'emploie aujourd'hui. Si je dois être privé de la vie, avant que ce projet s'exécute, il me semble tellement nécessaire de ne pas laisser mes enfans dans l'erreur & l'incertitude sur mon caractere outragé, comme étant ceux qui y sont intéressés de plus près, que j'ai déposé le Manuſcrit entre les mains d'un ami ſur lequel je puis compter pour la publication au tems preſcrit. Il a auſſi quelques lettres originales & un ordre écrit de ma main, qui ſeront des preuves ſuffiſantes. Cette précaution vous garantira efficacement de la poſſibilité qu'on vous en impoſe par quelque prétendue Lettre poſthume ; & de mon vivant, tout ce qui ſera adreſſé par moi à quelqu'un de vous portera mon nom.

D'après cela, ma chere fille, vous pourrez conclure que ce n'eſt pas moi qui vous écrit, lorſque vos Lettres ne ſeront pas ſignées de la main de votre affectionnée mere

PENNINGTON.

FABLES MORALES,

TRADUITES DE L'ANGLOIS.

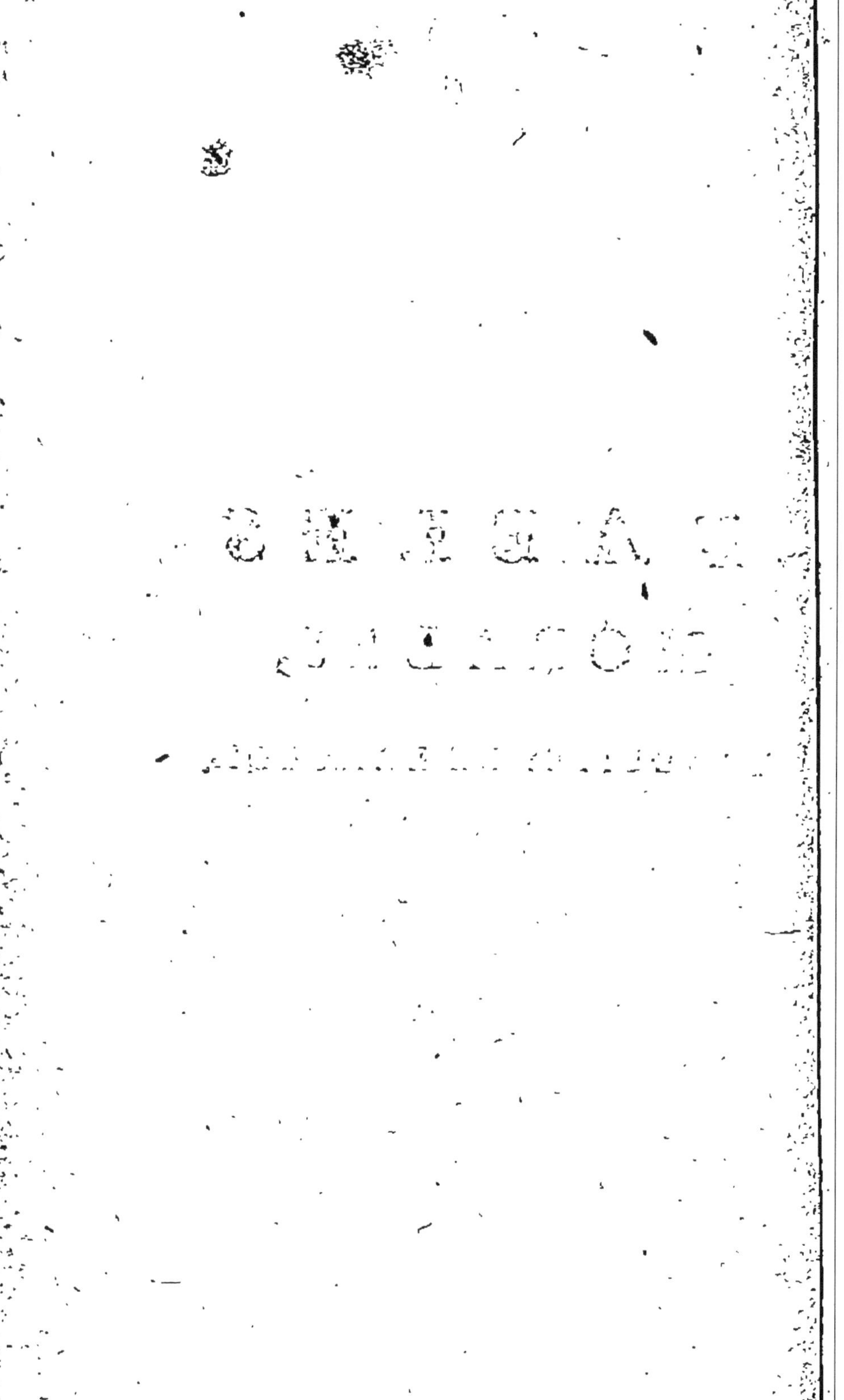

FABLES MORALES,

TRADUITES

DE

L'ANGLOIS.

M. DCC. LXXXVI.

FABLES MORALES,

TRADUITES

DE

L'ANGLOIS.

FABLES MORALES,

TRADUITES DE L'ANGLOIS.

PRÉFACE DU TRADUCTEUR.

Ces Fables ont pour titre : *Fables for the female ſex* ; & en les liſant on verra facilement que le but principal de l'Auteur étoit de donner des avis aux femmes.

La morale de ces fables eſt ſinguliérement intéreſſante & l'action en eſt bien conduite. Il me ſemble que les Anglois ont une maniere propre à eux dans ce genre d'écrire, & je ſerois embarraſſé de décider ſi nous avons l'avantage de ce côté-là ſur eux. Les Fables de la Fontaine ſont écrites avec beaucoup de légéreté, de naïveté, & de grace; nul ne l'a jamais égalé dans notre langue. Celles-ci ont plus de force dans les idées & plus de naturel encore dans les dialogues. La morale en eſt beaucoup plus étendue & elle eſt caractériſée d'une maniere plus énergique. Les cadres ſont nouveaux & les préceptes roulent ſur des ſujets qu'on n'avoit point encore traités dans des fables. Le langage des animaux eſt plus rapproché de notre maniere de parler, & par cela même produit un effet plus piquant. Sans entrer dans de plus longs détails, je laisse au lecteur le plaisir de comparer lui-même, & je me borne à dire qu'il me semble que quand on a lu ces fables il reste plus de choses dans la tête. C'est en général l'effet que produit la lecture de tous les livres Anglois, la morale y est, pour ainsi dire, entassée & cependant sans confusion.

Pour mieux faire sentir la force du style Anglois, j'ai rendu quelques endroits, pour ainsi dire, mot à mot. J'ai mieux aimé faire une copie exacte que de chercher à embellir l'original, d'autant mieux qu'un ſtyle plus recherché auroit nui ſouvent à la ſimplicité & à la force des idées.

FABLES MORALES,

TRADUITES DE L'ANGLOIS.

FABLE PREMIERE.

L'AIGLE ET L'ASSEMBLÉE DES OISEAUX.

A S. A. R. la Princesse de Wales.

LA poésie morale est due à la beauté; c'est pour vous que j'écris, belle excellence; trop heureux si je puis me flater que mes momens de loisir ont été employés pour récréer les vôtres: je fais voir la vérité sous le masque de la fiction, pour déraciner la folie du cœur, & montrer les sentiers qui détournent la nymphe errante du chemin de la ſageſſe.

Je ne flatte perſonne ; le grand & le bon ſe font connoître ; ſi vos actions vous élevent un monument, le détruirai-je par des louanges inutiles? Je ne ſuis pas l'écho de la voix de la renommée qui ſe plaît ſi fort dans votre nom ; ſon récit amical, quoique vrai, ſeroit flatterie, ſi je l'avois fait devant vous. L'orgueil, la jalouſie, la vanité, la coquette & la prude, demandent mes accords ; en déteſtant la louange, j'écris pour eux & débite mon dépit par charité. Avec une main amie je tiens le miroir pour tous, pêle-mêle, comme ils paſſent : la folie verra là ſon portrait. Je n'attaque jamais que des modeles vrais ; ſi la forme fantaſtique offenſe, je ne l'ai fait que pour corriger.

La vertu dans chaque âge & dans chaque climat mépriſe le page qui careſſe la folie, tandis que la ſatyre, qui offenſe l'oreille vicieuſe & paſſionnée, lui plaît.

Cela étant dit d'avance, ménagez votre colere & demandez cette fable, vous qui osez.

Les oiseaux, en charges, tourmentés par des factions, adresserent leurs prieres à Jupiter. L'état étoit vexé par des mensonges spécieux, leurs conseils étoient tournés en ridicule par d'affreux libelles. Pour arrêter les langues séditieuses, ils demanderent que leurs plaintes fussent écoutées favorablement. Le maître des Dieux agréa leur demande; l'aigle fût établi juge de ce grand débat.

La pie, qui étoit en grand crédit & en grande puissance, demande permission d'être entendue : vous savez, dit-elle, que je hais la prolixité des phrases; ce libelle dit qu'il y a quelques oiseaux enclins à la dispute, qui sont condamnés au silence par la voix de la sagesse, & qui, habiles à gazouiller mal-à-propos, s'élevent par leur vanité aux premieres places ; on voit facilement que ces clameurs n'ont que moi pour but;

néanmoins cette ſage aſſemblée n'ignore pas que je me ſuis élevée par degrés au gouvernement ; mes ſages conſeils ſoutiennent l'état ; jamais les pies n'ont paſſées pour babillardes.

Le milan ſe leva enſuite ; & dit, que ſon honnête cœur prenoit part aux malheurs de la vertu ; qu'il connoiſſoit pluſieurs oiſeaux de proie (& en cela le libelle avoit dit vrai,) qui étoient voraces, hardis, enclins au pillage, ne connoiſſant d'autre intérêt que le leur propre, qui volans par-deſſus la baſſe-cour des Fermiers, n'épargnoient, pigeons, poulets, ni canards ; que la vérité de ce fait étoit inconteſtable, mais que ſi le déclamateur avoit eu lui en vue dans cette accuſation, il en avoit menti. Il penſoit donc que, dans cette affaire, puiſqu'on pouvoit en impoſer ceux qui ignoroient la vérité du fait, il valoit mieux garder le ſilence ſur toutes ces choſes.

La corneille fut vexée, ayant été ſurpriſe la veille à traverſer un champ nouvellement

nouvellement semé; un enfant qui étoit là pour garder les bleds l'apperçut, & publia par-tout que les corneilles aimoient le bled & ne se faisoient faute d'en voler.

Le chat-huant se leva avec un air de dignité, & harangua ainsi sur l'affaire. Il peut-être très-vrai que les pies babillent; un milan peut-être trop vorace; les corneilles s'établissent quelquefois dans les terres nouvellement semées; ce n'est pas faire des libelles que de dire ces choses-là: mais l'Auteur de cet Ecrit, dit: qu'il y a des oiseaux dont la sagesse paroît au dehors dans leur maintien & dans leurs discours, des étourdis qui portent leurs coups pendant la nuit & toujours en laissent des marques à côté. Il ne me nomme pas, mais il donne à entendre que c'est de moi dont il veut parler. Je demande qu'il soit intérrogé pour savoir si par cet oiseau étourdi il veut dire un chat-huant.

Ah! malheureux que vous êtes,

s'écrie l'aigle, c'eſt le ſouvenir de vos crimes, c'eſt votre conſcience qui vous démaſque. Le cœur vertueux ne prend point d'alarmes, ſon innocence le raſſure contre les torts qu'on peut lui imputer; tandis que le coupable & la peur ſon aſſocié, treſſaillent au moindre vent qui agite l'air.

FABLE II.

La Panthere, le Cheval & d'autres bêtes.

L'Expérience nous apprend que quand on veut ſéduire une belle, il faut abandonner la vérité; il faut cajoler, flater, ramper, mentir & porter la Divinité juſqu'aux cieux; car la vérité eſt odieuſe à ſon oreille, c'eſt une dureté qu'elle ne ſauroit ſupporter; une dureté! Oui: telle eſt mon opinion; car la vérité lui réproche ſes fautes. Que je ſuis malheureux, Chloé, moi qui vous aime & qui ne sauroit mentir, moi qui au risque d'être moins aimé de vous, fais tous mes efforts pour corriger vos défauts! Mais le fat, sans sentiment, fera-t-il naître dans votre cœur la plus douce passion ? Tandis que celui qui vous dit la vérité, & qui dirige votre jeunesse vers le bonheur, n'a pour prix de ses soins que le plus mauvais lot & vit négligé & oublié.

Croyez moi, ma chere, il me seroit plus facile de satisfaire votre goût pout la flaterie, & au milieu de la phrase la plus fade je pourrois faire briller les comparaisons, comme on voit les vers-luisans jeter de l'éclat au milieu de la nuit. Je pourrois vous dire que vos levres ont la fraîcheur de la rose qui s'épanouit, ou que vos joues sont des lits de rose colorés par des pluies rafraîchissantes; mais, de même qu'il est certain que ces fleurs se faneront, de même il l'est aussi que le tems détruit chaque beauté. Le papillon de différentes couleurs, vous ressemble plus que les fleurs, beauté semillante & légere ; toujours en mouvement, toujours volant vers le plaisir, il s'y livre avec ardeur & avec folie pendant l'espace d'une heure, & meurt emportant avec lui le souvenir de ses charmes.

Voulez-vous que les charmes de votre jeunesse durent long-tems ; que la vertu soit la base de toute votre conduite ; ayez des manieres aisées entiérement exemptes de trop de retenue ou de légéreté, un caractere doux & enjoué, un cœur franc & ouvert, des regards inhabiles à toutes sortes d'artifices, de la modestie pour avouer les foiblesses qu'un ami peut vous faire remarquer, de l'amour-propre assez pour connoître le prix de vos vertus.

Tels sont les charmes qui ne déclineront jamais, quoique la beauté & la jeunesse soient passées : & le tems qui détruit tout, ne fait que rehausser l'éclat de la vertu, & l'affermir.

Je vous vois émue, Chloé, & prête

à me demander à quel propos je vous envoye cette brusque adresse : je vous épargnerai la question en vous avouant que je vous louerois, si je vous aimois moins : mais, mocquez-vous, plaignez-vous, ou soyez en colere, je serai sévere tant que vous aurez de la vanité.

Sous l'empire pacifique d'un lion, quand les bêtes erroient paisiblement dans les champs, une panthere d'un port majesteux, la plus vaine femelle de la cour, avec une peau tachetée & des yeux de feu, faisoit naître les desirs dans tous les cœurs. Par-tout où elle paroissoit, une foule servile de créatures caressantes se courboit, & rampoit devant elle : elle tenoit une assemblée chaq̃ue semaine comme les belles d'aujourd'hui. Cette assemblée étoit remplie de sots ; & le bruit, les grimaces, l'impertinence, le mensonge & le scandale en occupoient tous les momens.

L'animal vain & capricieux étoit entouré d'un cercle nombreux. Baſſement rampant, avec un regard aſſuré, le ſinge qui étoit au premier rang parla ainſi : j'ai beaucoup voyagé, Madame; mais je jure qu'aucun ange ne m'a jamais paru ſi beau ; pardonnez mon erreur, j'avoue avec honte que juſqu'à préſent vous ne m'aviez pas encore ſemblé ſi belle, ſi divine, comme en ce jour. Quelle taille! quels traits! & ces yeux! ah, fermez-les, Madame! ou celui qui les regarde, meurt. Non gentil ſinge, lui répondit la panthere, ne me traitez pas de divinité, car, en vérité, vous me faites rougir. Cela me fâche, je vous jure; car vos paroles reſſemblent à la flaterie que je hais ſouverainement.

Le renard, verſé dans les plus profondes ruſes, rehauſſa la beauté de ſon eſprit & parla de connoiſſances, de goût & de ſentiment, à quoi la belle avoit beaucoup de prétention. Car, on veut tirer vanité, même de ce qu'on ne cherche pas à acquérir : le renard, joua son rôle si adroitement, que le singe eut un rival de finesse & de flaterie.

Le bouc avoua son amoureuse flamme, & dit qu'il n'osoit articuler ce qui étoit l'objet de ses ardens desirs ; que cependant il espéroit qu'une rencontre aux bois pourroit faire comprendre sa pensée. A demi-irritée de ce discours audacieux, la panthere fronça le sourcil ; néanmoins elle avoua que des beautés comme elle pouvoient enflammer le cœur d'un bouc. Mais que sa phrase étoit un peu grossiere.

Le cochon admira beaucoup sa propreté ; l'âne, sur-tout, étoit transporté de sa légéreté. Tandis que tous tâchoient de nourrir sa folie, & par leurs éloges partageoient son amour, le cheval, dout le cœur généreux, méprisoit des applaudissemens obtenus par des vils flatteurs, rompit le silence avec une fierté pleine de graces, & parla ainsi tout indigné :

Quand les singes flatteurs jasent &

cajolent, ils méritent justement le mépris & la haine; car la vertu est tournée en ridicule quand elle est applaudie par le fou qui grimace. Le renard artificieux loue votre esprit pour vous faire arriver à ses fins intéressées; car, les fourbes font amitié pour trahir. Congédiez cette troupe de fous & de sots, & apprenez à vivre par les regles de la sagesse. Votre beauté pourroit échauffer le lion, si votre folie n'en rompoit le charme; car qui voudroit courtiser vos appas pour être le rival d'un singe?

Il dit, & ronflant de dedain, il détacha quelques ruades au milieu de l'assemblée & gagna la plaine.

FABLE III.

Le Rossignol & le Ver-Luisant.

La prudente nymphe, dont les joues sont colorées comme le lys & la rose rougissante, mettra ses charmes à l'abri de la vue publique & rarement paroîtra, dans la foule. Cette simple vérité la maintiendra sage : les plus beaux fruits attirent les moucherons.

Une nuit, un ver-luisant, fier & vain, contemplant sa queue brillante, s'écrioit : certainement il n'y a pas dans la nature une créature si élégante & si belle. Tous les autres insectes que je vois, la frugale fourmi, l'industrieuse abeille, ou le ver-à-soie, ne méritent que mes mépris, ainsi que toute cette troupe, basse & méchanique, qui employe servilement tout son tems à des serviles occupations, & qui eſt ennemie de la joie & du plaiſir. Pauvre & chétive engeance! je ne puis vous regarder qu'avec dedain. Quant à moi, j'étois né ſeulement pour la grandeur; je ſuis certainement iſſu de race divine. Vivre & briller, voilà ma ſeule fonction; ce n'eſt que pour cela que j'ai été placé ſur la terre. Ces lumieres qui brillent au-deſſus de nos têtes, ſont les vers-luiſans du ciel; & les Rois, ſur la terre, n'admirent leurs diamans, qu'autant qu'ils imitent mes feux.

Ainſi, il parla. Attentif ſur un ménu branchage, un roſſignol préparoit ſa chanſon. Il vit le morceau brillant près de lui, & vola guidé par la clarté. Il le fixa quelque tems avec un regard ſobre, & parla ainſi à la proie tremblante: Pauvre fou, gonflé d'orgueil, que tu es dans l'erreur! Apprends que c'eſt ta beauté qui t'attire ton ſort; moins brillant, tu aurois pu être laiſſé plus long-tems ſur la plaine véloutée ſans qu'on fît attention à toi. Tôt ou tard l'orgueil gémit & eſt couvert d'opprobre, & la beauté cauſe le malheur de celui qu'elle avoit comblé de ſes dons.

FABLE IV.

L'Hymen & la Mort.

ATTENDEZ que j'aie ſeize ans, dites-vous ? — Non, il eſt tems à préſent ; une autre année détruira vos charmes & fanera les fleurs de votre teint ; — mais attendez, il n'eſt pas encore tems de prendre un parti. — Pourquoi donc ? ma ſimple fille, êtes vous effrayée ? — Contenez-vous un moment, ſi vous pouvez & examinez avec attention cette fable.

Les ombres avoient fuis ; le ciel commençoit à rougir des premiers traits de la lumiere ; les vents étoient renfermés dans leurs antres profonds ; & déja l'hymen, penſif & calme promenoit, dans les champs, sa demarche rêveuse & inquiete. Derriere lui, à travers les ombres d'un bois verd, le spectre maigre & hideux de la mort, regardoit attentivement le Dieu qui, tout-à-coup, semblable à un géant, précipita ses pas & se trouva près d'elle. La conversation roula d'abord sur différens sujets; enfin, le triste hymen commenca ainsi :

Impitoyable mort, au pouvoir tyrannique de laquelle il faut que tous les mortels obéisseut malgré leur résistance; jusqu'à quand me plaindrai-je de ta puissance? Jusqu'à quand fraudra-t-il que j'en appelle de tes jugemens trop partiaux? Lorsque Cupidon blesse deux cœurs avec des dards égaux, ta faulx cruelle se joue de mes espérances & coupe le nœud que l'hymen avoit formé.

Ta vengeance ne devroit-elle pas se contenter de poursuivre l'homme audacieux & sanguinaire, le misérable qui amasse des trésors, & l'infame crapuleux

crapuleux tout fumant encore des remedes qu'il employe à ses maux. Pourquoi ta fureur s'attaque-t-elle sans distinction au cœur doux & généreux ?

Le Monarque répliqua ainsi froidement : pése bien la cause, & alors décide. Cet ami des vôtres, que vous venez de nommer, Cupidon, doit seul être blâmé. C'est lui qui mérite des reproches. Cet enfant paresseux néglige son commerce, & à peine une fois en vingt ans, conduit un couple à votre Temple. Silene ou Plutus sont les seuls aujourd'hui qui y envoyent les malheureux, qui sont unis par vos loix. Delà, les soucis, l'amertume & les querelles accompagnent d'ordinaire la vie conjugale.

Croyez-moi, dans toute l'espece humaine, ceux qui vous sont dévoués sont ceux qui implorent le plus ma pitié, & qui en ressentent plus volontiers les effets ; cependant on m'appelle cruelle & infâme : moi qui cherche les malheureux pour venir à leurs secours, le captif pour le rendre libre, & lui ôter des liens que nul autre que moi ne peut rompre.

C'est moi qui engage les malheureux mortels à s'unir par un lien réciproque; par moi vos autels couronnés fument; car les audacieux humains risquent l'engagement, bien sûrs que la mort rompra leurs liens.

NOTE DU TRADUCTEUR.

LA morale en dialogue, qui est au commencement de cette fable paroîtra, sans doute, singuliere; la fable, elle-même, qui est dans le genre des nuits d'Young, est plus qu'aucune autre, capable de caractériser le génie anglois. En général, la poésie angloise abonde en morale, & elle est toujours présentée avec une force & une simplicité que nos Auteurs françois admettent rarement. Le sujet de cette fable paroîtra d'abord un peu sombre; mais le sens moral en est bien vrai, & il est présenté d'une maniere bien énergique. Il n'est que trop certain qu'il y a beaucoup de mariages malheureux; le peu de soin qu'on prend pour assortir les caracteres, en est la véritable cause: on se marie sans se connoître;

on eſt riche de part & d'autre, on croit que cela ſuffit pour le bonheur ; étrange aveuglement ! le bonheur n'a-t-il pas ſa ſource dans le cœur ? Horace ne demandoit aux Dieux, pour être heureux, qu'une honnête aiſance, une médiocrité au-deſſus du néceſſaire : *Auream mediocritatem*.

Voici un paſſage, de Théocrite, qui a beaucoup de rapport à cette fable, il eſt de M. *Chabanon*, de l'Académie Françoiſe, Auteur d'une traduction de Théocrite, en proſe, à laquelle il a joint une imitation, en vers, des Ouvrages du même Poëte.

O mes amis ! le bon tems, l'heureux tems !
Quand pour gagner le cœur d'une maîtresse,
Il valoit mieux posséder les talents,
Que les honneurs, le rang & la richesse.
Vous eussiez vu, dans ce tems fortuné,
Plus d'un amant par les arts couronné,
Aux dons flatteurs que la gloire dispense,
D'un doux hymen unir la récompense:
Présentement, ô honte de nos jours !
Titres, honneurs, dignités, opulence,
Font le destin des plus tendres amours.
Lise, à quinze ans, de son nom dégoûtée,
Veut que l'hymen la produise au grand jour;
Pour un amant, tout bas sollicitée,
Répond, tout bas: a-t-il rang à la Cour ?
Lise, avant tout, veut être présentée;
Seule, elle y rêve & n'a plus d'autres soins;
A ce projet, si le sort est contraire,
Lise a promis, (ô serment téméraire !)
De mourir vierge, ou fille tout au moins.
Quel tems! hélas, quelles mœurs déplorables !

Je m'arrête à regret, mais je suis bien sûr que tous ceux qui liront ce passage seront tentés d'achever l'Idille.

Ce morceau est tiré de l'imitation, en vers, de la septieme Idille, de Théocrite.

FABLE V.

Le Poëte & son Patron.

POURQUOI, Célie, votre corset est-il si lâche, si négligemment lacé ? Pourquoi faut-il que votre robe, qui enveloppe comme un lit, cache l'orgueil naissant de votre sein de neige ? Combien mal orne votre tête cette coëffure gâtée & chiffonnée par le lit ! Un peu d'eau pourroit dissiper ces nuages qui ombragent votre teint fleuri ; ainsi, la nature, tous les matins, employe la rosée cristalline pour purifier la rose ; ces tresses, aussi noires que le corbeau, qui ondoyent en boucles sur vos épaules, lorsqu'elles ne sont pas peignées & qu'elles sont outragées par la négligence, gâtent le visage qu'elles ornoient autrefois.

D'où vient cet oubli total de paruqe? Dites-moi, je vous prie, Madame, êtes-vous mariée ? — Oui. — A la bonne-heure, mon étonnement cesse ; vous n'avez plus de raison aujourd'hui pour soigner votre coëffure ; le but est gagné, votre fortune est faite ; votre sœur, à présent, fera le commerce.

Hélas! quelle pitié, de trouver ce défaut dans la moitié de l'espece femele! De là vient l'aversion, la dispute & tout ce qui empoisonne la vie conjugale. La beauté seule aiguisera le dard ; mais, c'est la propreté qui conduit droit au cœur (*). Abandon-

(*) La propreté, dit Richardson, l'égalité d'humeur & la complaisance, sont des liens dont un cœur amoureux ne sort jamais.

nez la propreté, & la beauté se débat pour entretenir une flamme vacillante.

Il est bien plus difficile de conserver une conquête, que de la faire. Admettez-nous une fois derriere l'écran, qu'y a-t-il au-delà à voir? Un visage plus frais peut augmenter la flamme; mais dans le fait, chaque femme est la même.

Appliquez vous donc à conserver le charme qui a fixé l'amour de votre mari, étudiez bien son humeur. Etoit-ce la parure qui donnoit à votre beauté le pouvoir d'être admirée? Augmentez-là encore. Redoublez de soin & de propreté, c'est être vraiment ménager que d'être propre. Par-là, vous conserverez toujours sa passion vive & entiere, & l'aîle légére du tems, ne fera que souffler le feu, au lieu de l'éteindre.

Dans un grenier très-haut, à ce que dit l'histoire, un Poëte composoit des chansons harmonieuses. Ses vers étoient si doux & si moëlleux, que vous auriez juré qu'Apollon & les Muſes étoient là. La ville rétentiſſoit de ſes éloges; on chantoit ſes ſonnets à la comédie. Tournoyante au-deſſus de ſa tête laborieuſe, la Déeſſe nécesſité, étendoit ſes travaux, & animoit d'un feu poétique, ce que Phébus lui avoit inſpiré négligemment.

Un jeune homme, d'une naiſſance illuſtre, qui avoit du goût & de l'eſprit, approuvoit les choſes ingénieuſes que notre Poëte avoit faites. Un jour, l'ayant été voir dans ſon dôme à toile d'araignée, il l'en fit ſortir, & après avoir acquitté ſon loyer, il l'emmena & lui donna un logement dans ſa maiſon. C'eſt maintenant qu'il faut voir, à une table ſomptueuſe, le Poëte ſeul avec le Milord. Chaque jour il fait des dîners délicieux, & boit avec avidité un vin libéral. Ses côtes étoient enflées, ſa peau étoit liſſe & unie, & l'abondance folâtroit ſur ſes joues. Etonnée d'un changement ſi nouveau, la Déeſſe qui l'inſpiroit le quitta, & s'enfuit bien loin de lui. Livré uniquement à la politique & aux nouvelles, ses chanſons ſont négligées & les Muſes languiſſent. Oubliant d'où ſa fortune étoit venue, il étouffa le feu poétique. Nul conte, nul ſonnet, pour Madame; les ſatyres & les épigrammes n'étoient déjà plus.

Réſolu de lui retirer ſes bontés, ſon patron le vit avec un juſte mépris, & plein de colere dans ſes regards, il parla ainſi à notre fou, qui ſe repentit trop tard.

Aveugle, envers la fortune qui étoit venue te chercher, pourquoi un de ſes rayons favorables a-t-il brillé juſqu'à toi? Réjoui de ton art harmonieux, mon cœur t'eſtimoit de plus en plus, mais par une coupable nonchalance, tu as négligé le charme qui avoit fait naître cette eſtime, & qui ſeul pouvoit la conſerver.

Les fous, ſeuls, mépriſent les arts & les talents auxquels ils doivent leur premiere fortune.

FABLE VI.

Le Loup, la Brebis & l'Agneau.

LE devoir exige que l'aveu des parens confirme le choix de la fille ; par-là, les filles donnent une marque de leur obéissance ; mais il n'appartient qu'à elles seules de choisir un époux.

L'homme féroce, s'appuyera de l'autorité des parens, & par des moyens vils & bas, recherchera une fille qui répugne à ses embrassemens. De-là, la vertu languit, & la poitrine, où la paix avoit construit son nid profond, devient la demeure inquiéte des soucis, & seche de chagrin & de désespoir.

Un loup avide, méchant & hardi, dont les butins nocturnes avoient éclairci le nombre des brebis, renfermées dans un parc, refléchissant sur sa mauvaise vie, & rassasié de vols, résolut de se marier. Son dessein étant connu, la race sauvage accouroit en foule pour briguer cette place, car c'étoit un loup très-puissant, & dont la gueule valoit un empire. Chaque mere amena sa fille favorite &, humblement demanda son alliance. Mais soit qu'il fût glacé par l'âge, ou qu'il fût trop difficile, aucune ne sut plaire à ses yeux.

Un jour, au lever de l'aurore, ayant traversé seul la plaine, il enleva, d'un parc de brebis, un agneau qui sautoit gaiement auprès de sa mere; Cupidon, ennemi des hommes & des bêtes, lui tira, dans ce moment, une fléche dans la poitrine. La race timide vit le voleur, & tremblante s'enfuit vers la prairie. Le loup, les atteignit dans leur fuite rapide, & courtois parla ainsi à la mere: demeurez la belle & suspendez votre peur, fiez-vous à moi, je ne suis plus votre ennemi. Ces mâchoires qui ont été si souvent imbibées de sang, sont enfin rassasiées de carnage. Un soin plus doux m'amene aujourd'hui, vaincu, pour me courber aux pieds de la beauté ; vous ayez une fille. — Pardonnez, ma douce amie, la pourſuite d'un loup. — Je ne vis que pour elle ; l'amour ſort de ſes yeux comme un éclair, & me brûle juſqu'à la moëlle des os ; confirmez mon choix par votre conſentement, & approuvez notre joie nuptiale.

Faites attention à mes biens immenſes & à la grandeur de ma puiſſance. Mon royaume s'étend au loin dans les champs. Quel voleur de nuit oſera envahir le troupeau parqué, ſi j'en ſuis le gardien ? A la maiſon, le chien du berger pourra dormir, puiſque je garderai le troupeau de ſon maître.

Un tel diſcours demandoit attention ; la grandeur & la puiſſance du loup enflammoit le cœur de la mere ; à préſent ſans crainte, elle marchoit à ſon côté, parlant d'établiſſement & de douaire. Elle propoſoit & doubloit ſes demandes, de champs fleuris, & de terres à navets. Le loup conſent à tout.

Le

Le ſein de la brebis eſt enflé de joie, elle annonce à ſa fille ſon heureux ſort, & fiere de ſa grande alliance, elle mépriſe déja ſes parens de la plaine.

L'agneau écoute, ſaiſi d'horreur & de crainte; il fatigue ſa mere par des prieres réitérées; mais en vain: une maman ſait bien mieux ce que doit faire une fille ſans expérience. Ainſi les deux époux s'étant tranſportés dans le pré voiſin, un âne, après toutes les formalités requiſes, les maria. La victime, nouvelle mariée, eſt arrachée tremblante du ſein d'une mere cruelle; elle réſiſte inutilement à de rudes embraſſemens, & bêle au milieu des hurlemens. Avec horreur ſes yeux enviſagent ſouvent ſes parens du parc maſſacrés; chaque jour, à la table du loup, on ſert une brebis & on découpe des chairs palpitantes. Ses ſeuls alimens ſont des os fracaſſés & des ruiſſeaux de ſang appaiſent ſa ſoif.

L'amour qui déteſte les cœurs cruels,

& qui n'habite que dans des ames douces, étoit banni depuis long-tems. La jouiſſance paſſée, le ſauvage n'étoit affamé que de feſtins; mais, (de même que dans l'eſpece humaine, un maſque cache un vilain viſage) de même, le traitre, voulant immoler ſon épouſe, qu'il avoit épargné juſqu'alors, ſe ſert du voile de la juſtice pour autoriſer ce meurtre affreux.

Un jour qu'il étoit ſorti pour chercher quelque proie, les chaſſeurs le trouverent en chemin. La peur donne des ailes à ſa fuite, il chercha un marais. Les chiens s'étant (*) mouchés ſont mis en défaut. Son eſtomach ayant été oublié, à préſent la faim le ronge; hurlant, il remue ſa gueule vuide; il a beſoin de nourriture, & l'agneau eſt près de lui; il invoque le menſonge le plus atroce. Eſt-ce là,

---

(*) Terme de chaſſe, qui veut dire, ayant perdu la trace.

la douce vertu d'une épouse, s'écria-t-il, dissimulant sa rage ? Liguée avec les hommes qui détruisent notre race, est-ce à elle à me donner la chasse ? Par une ruse infâme, tu as fait connoître aux chiens la trace de mes pas. Vile traîtresse, en punition d'un tel forfait, ton sang va assouvir ma rage & tu périras dans les bois. En disant cela, il se jette sur l'agneau, & la victime expire sous ses dents.

FABLE VII.

L'Oie & le Cigne.

JE hais le visage, quoique beau, qui porte un air affecté. Le ton grasseyant, les manieres gênées, le parler étudié, la passion feinte, sont des sottises qui ne servent qu'à gâter ce qu'on s'efforçoit d'embellir.

Avec quelle grace supérieure nous

enchante le visage que le pinceau de la nature a formé : où les yeux, non exercés par l'art, sont animés par le mouvement du cœur, où l'on voit imprimés, la franchise, la bonne humeur, la gaîté facile, & l'esprit : quoiqu'il n'y ait point de beauté parfaite, ni de maître infaillible, ni de physionomie accomplie, un tel visage nous transportera ; le moindre regard sera pour nous délicieux, & nous deviendrons enflammés à la premiere vue ; car, la beauté, quoiqu'approuvée de tout le monde, excite plus notre admiration que notre amour ; tandis qu'une figure agréable frappe à coup sûr, & fait des blessures incurables.

Pourquoi donc, ma chere ame, ce soin qui vous rend en effet moins belle, puisque la nature a empreinte sur vos joues une fleur qui est rivale de la rose, ou qu'elle a tirée de quelque image celeste, une forme qu'Apelle n'a jamais connue. Vos soins, mal imaginés pour ajouter à vos appas, vous rendront en effet moins intéressante, & l'art mercenaire vous dépouillera. Si par une erreur de la nature, votre mere vous avoit mis au monde avant terme, la nature, elle-même, rejeteroit encore les soins que vous prendriez pour vous ajuster, puisqu'ils ne feroient qu'augmenter vos défauts. Lorsqu'une femme, fiere de ses bijoux & de sa parure, paroît la premiere dans la foule, tout le monde la voit avec des yeux de travers & une mine rechignée. L'habit recherché attire les regards & grossit la difformité.

La nature sera quelquefois moins prodigue de ses dons, mais rarement elle a besoin du secours de l'art. Fiez-vous à elle, elle est votre plus sûre amie; elle n'a pas formé votre visage pour qu'il ait besoin de parure.

Une oie, vaine, frivole, affectée, la plus glapissante de toute la traînée gloussante, avec une crête fiere & élevée demandoit la préséance au-dessus de tous les autres animaux.

Je me joue de l'espece humaine, disoit-elle, qui prétend que les oies boitent dans leur marche; regardez moi : quelle médisance! quel mensonge! l'homme présomptueux n'est pas si droit que moi. Voyez ce paon-là! ah, Dieu? combien les créatures sont curieuses de sa queue étalée & brillante! si tous étoient dépouillés, je gage ma parole que l'oie seroit le plus beau des oiseaux. La nature pour cacher ses propres defauts couvre d'ornements son ouvrage mal fait. Si les oies avoient moitié de cette parure, les hommes, à coup sûr, n'admireroient plus les paons.

En se vantant ainsi, elle traverse le pré majestueusement. L'espece glouſſante cherchoi tla promenade; le soleil du midi dardoit ses rayons sur les eaux; les cignes jouoient dans le courant; leurs plumes de neige & leur noble fierté provoquoient sa colere. Quoi! encore ici de l'arrogance, s'écria-t-elle? Voyez ces créatures! comme elles m'imitent! tous les oiseaux écumeront-ils les eaux, parce que les oies sont connues pour nager? Ils apprendront bientôt à être plus humbles, & à connoître leur propre bêtise. A ces mots, les ailes étendues, elle saute légérement dans l'eau ; son sein enfle, elle étend ses plumes, & avec fierté prend la crête du cigne. Le mépris & la moquerie s'en suivirent, & des éclats de rire agiterent les flots

Un cigne, supérieur aux autres, leva sa tête au-dessus des eaux & parla ainsi au fou :

Animal impertinent & enflé d'orgueil, ton arrogance se moque de tout ; ces airs méprisans font voir ta bêtise & te montrent pleinement comme tu es. Parmi tes égaux du troupeau, tu as échappé la moquerie publique, & malgré tes imperfections, oie boiteuse, tu as été réputée honnête. Apprends ici à étudier les regles de la sagesse. Sache que l'orgueil & l'impertinence sont l'appanage des fous, & que la nature cherchant à cacher ses défauts, vous seuls les revelez.

FABLE VIII.

L'Homme de loi & la Justice.

AMOUR, tu es le plus grand bien de l'homme sur la terre; mais combien peu connoissent tes pures délices! nos cœurs rebelles désavouent ton empire, tandis que le tyran de l'incontinence usurpe ton trône.

Le Dieu, bienfaisant de la nature, a fait les sexes pour s'aider l'un l'autre, pour employer leurs talens mutuels à diminuer les maux & augmenter les biens. Aux femmes, plus foibles, il a assigné cette douce gentillesse d'esprit qui peut, par sympathie, se communiquer au cœur le plus sévere. Ses yeux ont été doués d'un pouvoir magique pour aiguillonner le pésant, & tenir en respect le téméraire. Sur son visage, il a répandu avec profusion tous les charmes des fleurs, & il a imprimé, pour étendre la perfection, sa plus douce image sur le limon dont elle est paitrie.

L'homme actif, bouillant & intrépide, a été formé dans un moule différent. Son esprit est dressé aux arts utiles, sa poitrine est échauffée de plus nobles passions ; l'Etre Tout-Puissant lui a donné la science, le goût, le sentiment, & le courage pour la defense de la beauté. La complexion délicate de la femme, incapable de résister aux outrages, demande protection au fort ; elle fuit vers l'homme quand elle craint les armes, & vole vers le temple ou dans ses bras.

L'homme donc, qui par l'auteur de la nature, a été déclaré le souverain de la femme & son défenseur, triomphera-t-il, par ruse & par perfidie, de la foiblesse qu'il devoit secourir ? Tandis que la beauté, donnée pour inspirer l'amour protecteur & les doux desirs, allume un feu sauvage dans le cœur, aiguise le dard contre son propre sein, & devient l'indigne prétexte du raviſſeur, pour triompher de l'innocence.

Le loup qui déchire l'agneau, n'a pas été établi par la providence pour garder les parcs, ni le tigre pour prendre ſoin des voyageurs de nuit. Mais l'homme, la plus féroce des bêtes de proie, vêtit la reſſemblance de l'amitié pour trahir, emploie ſa force contre le foible, & où il devoit protéger, porte la deſtruction & la ruine.

Le veilleur crioit qu'il étoit minuit (*);

(*) A Londres il y a des vieillards qui font la patrouille, & qui crient à toutes les heures de la nuit l'heure qu'il eſt, le tems qu'il fait. Ces vieillards, qui ſont en très-grand nombre, puiſqu'il y en a un à chaque bout de rue, dorment dans les intervalles où l'heure ſonne, ou ſont à boire dans des tavernes. Ainſi ils ſont d'une très-foible reſſource pour les voyageurs de nuit qui s'en retournent rarement chez eux ſans être volés.

On a eu, il y a quelques années, le projet d'établir à Londres une garde comme à Paris; mais le Parlement s'y eſt oppoſé. L'amour exceſſif d'une prétendue liberté a fait rejeter ce projet utile.

l'homme de loi, ſtudieux, travailloit ſon extrait, calculoit le produit de ſon ouvrage & ſe promettoit d'être le premier, à la pointe du jour, au Palais de Juſtice. Soudain un vent furieux s'éleve, la fenêtre ébranlée tombe en éclats, les portes gémiſſent & ſortent avec fracas de leurs gonds. La Juſtice, dans un tourbillon de lumiere, découvrit à l'homme de loi ſa forme brillante & radieuſe.

Le malheureux, ſaiſi d'une horreur frédonnante, perdit toute jointure, & devint pâle & blême. N'ayant jamais vu la Juſtice dans les Cours, & ne l'ayant point trouvée mentionnée dans les rapports, il demanda, avec une langue balbutiante, ſon nom, le ſujet de ſon meſſage, & d'où elle venoit.

L'ombre vêtue de blanc, dont le viſage étoit teint de feu cramoiſi, repondit d'un air ſévere: peux-tu douter qui je ſuis; la Juſtice eſt-elle devenue un nom ſi étrange? Vos Cours n'ont-elles pas été établies pour la Juſtice? c'étoit-là autrefois que brilloient mes autels, c'est moi qui t'ai choisi pour mon gardien, pour protéger mon temple sacré; pourquoi donc, vous & toute votre clique vénale, avez-vous chassé la Divinité pour des présents? les clients ruinés crient à haute voix, que la Justice n'a ni yeux ni oreilles. Quoique je sois en pleine alliance avec le barreau, le Juge me dénonce la guerre, & ses arrêts ne sortent jamais qu'avec intention de me détruire.

Elle s'arrêta, sa poitrine étoit enflammée de colere, l'homme de loi tremblant répondit: j'avoue que l'accusation est bien fondée, & que je ne puis alléguer que de foibles excuses. Néanmoins parcourez le globe spacieux & voyez si toute l'espece humaine ne me ressemble pas.

Les ministres de l'Eglise trafiquent des choses sacrées, & trompent les hommes qu'ils devoient éclairer.

Le docteur, avec un regard important, raisonne sur la maladie & l'embrouille

brouille par un dessein artificieux : il abrege ou prolonge le mal, suivant ses intérêts, pour mettre à contribution le malade.

Le soldat fier, de plusieurs cicatrices, & rouge encore de sang & de carnage, vole à la guerre ; mais, il trahit sa patrie, si l'ennemi lui offre une double paye.

Puisque le vice domine tous les hommes & que l'intérêt seul tient la balance, dois-je être meilleur que les autres ; et loger la justice dans mon cœur ? d'un côté seulement prendre mes droits, & me contenter de la pauvreté & de toi ? L'ombre irritée répartit : tu es aveugle de sens, & vil d'esprit ; si la vertu est bannie du monde, les fautes des autres excuseront-elles les tiennes propres ? Le prêtre a été fait pour les ames malades ; le médecin pour secourir les corps ; le soldat pour défendre la liberté ; hommes, femmes, & l'homme de loi, ont été faits pour maintenir la Justice. Si tous sont infideles à leurs engagemens, tu n'en es pas moins injuste ; désormais je désavoue vos arrêts & j'en ôte la sanction de mon nom : dans vos cours il sera lu, que Justice est bannie de la loi. Ayant ainsi parlé, elle cacha son visage dans l'ombre.

FABLE IX.

Le Fermier, l'Epagneul & le Chat.

POURQUOI, ma chere, fronçez-vous le sourcil? Pourquoi cet air chagrin? Quelle cruelle offense vous irrite aujourd'hui? J'ai dit, il est vrai, que Délie étoit belle; mais j'ai dit seulement qu'elle vous égaloit. Ne saurois-je louer le visage d'une autre, ou dire que je l'aime pour ses vertus, sans qu'aussi-tôt votre front ne se ride, comme si le mérite d'autrui diminuoit le vôtre? ne serez-vous jamais exempte d'envie femelle? Et faut-il que tout le monde soit aveugle parce que vous voyez?

Promenez vos regards ſur les champs, les jardins, & les berceaux, les boutons, les fleurs des arbres, & les autres fleurs; alors, dites-moi, où croît le chevre-feuille, qui le diſpute à la roſe pour la douceur de ſon parfum? Où l'on trouve le lys d'une blancheur de neige qui offre tant de beautés à la vue? Néanmoins il y auroit de la folie à déclarer que ces fleurs n'ont ni douceur ni beauté. Le criſtal brille d'un éclat plus foible, près du feu étincelant du diamant; & les ſots diront que le diamant ſe ternit devant l'éclat de vos yeux. Mais moi, qui abonde en vérité, j'aſſure que ni l'un ni l'autre ne brille où vous êtes.

Quand les zéphirs voltigent ſur les fleurs & parfument l'air d'alentour, ne ſaurois-je humer le vent frais odorant, parce que votre haleine a plus de douceur encore?

Douces ſont les fleurs qui parent les champs; douce eſt l'odeur que produit la fleur des arbres; doux eſt le vent qui souffle en été; & douce est la rose quoique moins douce que vous.

L'envie tourmentera-t-elle votre cœur, parce que vous êtes plus aimable que toute autre ? car, tandis que je donne à chacune ce qui lui est dû, en les louant je vous flate, & plus je les loue & dis qu'elles sont belles, plus je vous déclare la plus belle.

Tandis qu'un fermier, assis à table, se rassasioit de mets simples & bons, son épagneul favori étoit près de lui & partageoit la nourriture avec son maître. Ses machoires broyoient les os & sa langue nétoyoit les plats. Quand il eut pris une nourriture suffisante, il demeura oisif & appésanti par les fumées du repas, il alla ronfler.

Le chat, affamé, s'approcha à son tour, & humblement demanda la part d'un serviteur : le maître touché de son maintien modeste, lui jeta un morceau gras. Irrité, le chien s'éveilla en groudant, & plein de dépit & de jalousie, parla ainsi :

Ceux-là seulement, ont droit de manger, qui gagnent leur nourriture par leurs services. Quant à moi, le zele & l'industrie m'animent pour parcourir les champs & engager la chasse; où, plongé dans les eaux froides, je vais chercher l'oiseau blessé par l'homme. Avec un soin infatigable je garde, le jour & la nuit, son troupeau contre les loups qui cherchent leur proie. A la maison j'assure son repos pendant la nuit & j'écarte les voleurs de sa porte. Pour cela, son cœur est plein d'amitié; pour cela, sa main me donne la nourriture : quoi ! ton indolence communiquera-t-elle une amitié plus chaude à son cœur, afin qu'ainsi il me vole ce qui m'est dû, pour bien nourrir un aussi vil animal que toi ?

J'avoue, répondit le chat avec douceur, que le mérite supérieur est de votre côté & mon cœur n'est point envieux de le voir si bien récompensé.

Cependant, dans tout ce que ma nature peut, je contribue au bonheur de l'homme; ces griffes détruisent les souris voleuses & chassent la vermine de la maison; je veille tandis que le paysan travaille & j'assure le grain contre les rats cachés. Pour cela, s'il me récompense, pourquoi votre cœur est-il plein de fiel? Pourquoi êtes-vous si chagrin de voir mon bonheur, puisqu'il y a assez pour vous & pour moi? Ce que tu dis, est juste, s'écria le fermier, & il chassa loin de lui le chien qui montroit les dents.

FABLE X.

L'Araignée & l'Abeille.

LA nymphe qui se promene dans les rues publiques & qui salue tous ceux qu'elle rencontre, attrapera le fou qui se détourne pour la voir de plus près;

mais les hommes sensés éviteront le piége.

Ma Lidie, lorsque vous vous arrêtez sur le bord d'une riviere, avec une ligne de soie, je ris de voir les peines que vous prenez pour couvrir l'hameçon frauduleux. Si nous nous égarons dans les forêts, vous voyez l'enfant, tendre ses gluaux; notre rencontre lui cause de l'inquiétude, en devinez-vous la raison? Il craint que par mégarde nous n'approchions de trop près; car, aussi-tôt que nous sommes loin du buisson, la linotte voltige sur les branchages. Ne voyez-vous pas qu'il faut une égale adresse pour tromper le frétin écaillé & la race emplumée; & croyez-vous qu'il faille moins d'art pour captiver le cœur humain? La fille modeste qui voile ses appas, ne sauroit les cacher tous, & l'imagination la représente-t-elle qu'étoit la Vénus de Grece. A commencer par les feuilles de figuier qui enveloppérent la premiere femme, tous les vêtemens ont eu pour but d'éveiller l'imagination.

qui demeure bien plus enchantée de ce que cache la nymphe timide.

Quand Célie se promene avec un air affecté pour séduire les hommes, elle se fait voir beaucoup trop pour exciter les desirs : mais en s'enveloppant dans sa robe, depuis la tête jusqu'aux pieds, elle a pouvoir de blesser.

L'œil distrait, le sein découvert, le rire de côté, l'air badin, attraperont le sot ; car, les goujeons se prennent à l'hameçon nud, comme à l'amorce, tandis que le saumon joue avec l'appas & semble le mépriser ; jusqu'à ce que l'art, autant que la nature, lui apprenne à fuir.

Sous un chaume grossier de paysan, depuis long-tems une araignée avoit placé son guet. Du matin au soir, avec un soin infatigable, elle ourdissoit sa toile & dressoit ses pieges. Dans les limites de son empire, sont étendus morts grand nombre de captifs, que leur négligence a fait tomber dans le piége, ou qui ont été pris en volant, & en se débattant dans les toiles, pour rompre leurs chaînes & éviter ses ruses.

Une abeille s'étant arrêtée par hasard tout auprès, la regarda avec un air de mépris & commença ainsi : Chétif animal, arrête & cesse de mettre en ordre tes filets déliés. Une mouche inconsidérée, ou deux au plus, voilà toutes les conquêtes dont tu peux te glorifier; car les abeilles sensées évitent tes artifices, elles voyent trop distinctement les filets qui sont tendus.

La tulippe, affectée qui développe & étend son feuillage, pour être examinée soigneusement; qui offre ses charmes à tous ceux qu'elle voit, & qui cede à chaque folâtre zéphir, ne m'attire point; je cherche les lieux où croit la rose modeste, que la pudeur fait rougir, & qui est gardée par les épines; transporté d'amour, je voltige autour d'elle, ou je me repose sur son sein odorant; elle resiste en vain à mes embrassements.

& en rougissant elle exhale ses parfums.

Prêtez attention aux discours des gens sages, & apprenez cette leçon d'une amie ; celle qui s'éloigne avec modestie, augmente l'ardeur de ses amants ; tandis que des imprudents, comme vous, détruisent leur propre plan par leur extravagance.

FABLE XI.

Le jeune Lion & le Singe.

IL est vrai, je blâme le choix de votre amant, quoiqu'il ait pour lui l'opinion publique. Je deviens chagrin & malade d'entendre ses exclamations, oh qu'elle est belle ! Je n'aime point à entendre compter les délices extravagants, & les transports des nuits attendues. Que me fait à moi votre amas de charmes, la blancheur de votre col & de vos bras ? N'y a-t-il pas d'autres choſes plus eſſentielles à acquérir, pour fermer la porte aux querelles? Oui, ſans doute, paſſez une quinzaine de jours & vous trouverez que toute beauté raſſaſie hors celle de l'ame.

L'eſprit & la bonne humeur ont toujours été regardés comme les meilleurs liens pour fixer l'amour. Cependant Philis, la plus ſimple de votre ſexe, vous n'avez jamais réfléchi à cela; n'ayant jamais cherché, comme les ſinges, qu'à vous parer au-dehors, n'ayant fait attention qu'à ce qui brille à l'extérieur dans la forme humaine. Ce n'eſt pas que la coquetterie ſoit votre goût dominant, mais c'eſt qu'elle aiguillonne le cœur de votre amant. Demain vous réſignez l'empire, préparée à honorer & obéir. La maîtreſſe, qui eſt un vrai tyran, change pour la vie & prend le ton ſoumis d'une épouſe.

Si vous le pouvez, ſuſpendez vos folies & écoutez les conſeils d'un ami; quoiqu'avec répugnance, prêtez l'oreille aux premieres instructions, réfléchissez souvent avant de répondre, oui; mais, une fois votre résolution prise, bannissez le déguisement & portez vos souhaits dans vos yeux. Evitez avec précaution tous les regards qui pourroient faire naître une crainte jalouse, ou blesser un cœur généreux. Confondez les espérances naissantes d'un amant; méprisez ces artifices de jeunes filles, qui ne servent qu'à tourmenter les hommes, & n'usez de votre pouvoir que pour plaire; car les fous seuls commandent avec rigueur quand tôt ou tard ils doivent obéir.

Le roi des animaux, sur la fin de ses jours, prit le parti de résigner l'empire. Les bêtes furent assignées pour comparoître & fléchir devant l'héritier royal; elles vinrent: un jour fut fixé, & la multitude se courba devant le futur monarque. Un singe étourdi, vain & hardi, se retira à l'écart, & parla ainsi à la troupe: Pourquoi ramper, mes amis,

amis, avec une crainte servile devant ce pompeux roi de paille ? Anticiperons-nous l'heure & reconnoîtrons-nous sa puissance, avant d'y être assujettis ? Sachez apprécier les conseils de l'expérience; je connois les maximes de la sagesse : secouons le joug & vivons les monarques de ce jour. C'est à nous, qui avons les mains vuides, à regimber & à jouer le tyran chacun à notre tour. Par-là, il saura discerner le juste de l'injuste, & il connoîtra la pitié par l'oppression; il apprendra à compâtir aux maux des autres & (*) à écarter les malheurs que lui-même aura éprouvés.

Il parla ! Son sein étoit enflé d'orgueil. Le jeune lion répliqua ainsi :

Quelle folie te porte à provoquer ma colere, & à aller au-devant du coup

---

(*) C'est le sens de ce vers de Virgile :

Non ignora mali, miseris succurrere disco.

Qu'on peut traduire ainsi :

L'épreuve du malheur, nous rend compâtissans.

qui te menace? Miſérable fou! Les injuſtices peuvent-elles inſpirer la pitié au cœur ſenſible, ou engager l'ame généreuſe à répandre les bienfaits? Peuvent-elles exciter la main à donner, ou l'œil à pleurer? Inſtruit dans la pratique des écoles des femmes, c'eſt chez elles que tu as puiſé tes préceptes. Retourne vers elles; dans une telle cauſe, attends d'elles ſeules des applaudiſſemens. Je ne condamnerai point le ſexe partial pour aimer ceux qui les copient.

Veux-tu maîtriſer le lion généreux, ſois bon & honnête, & ta douceur l'engagera à être doux & bienfaiſant. Les bons offices attirent les bons offices, & le paiement ne diminue point la dette. Avec une main prodigue il répand le bien qu'il reçoit des autres; ou, pour le mal, donne ample retour & paye avec intérêt mépris pour mépris,

FABLE XII.

Le Poulain & le Fermier.

DITES-moi, Corine, si vous le pouvez, pourquoi vous avez tant d'aversion pour les hommes; pourquoi vous êtes si reservée vis-à-vis d'eux. La nature, prodigue de ses soins, n'a-t-elle formé votre beauté sur son meilleur modele qu'afin, qu'ingrate à son égard, vous vous moquiez de ses dons & resistiez à ses loix, & que, comme un avare, vous reteniez cette abondance, qui rend plus heureux quand on la communique & qu'on en fait part?

Le don de la beauté a été assigné par le ciel pour le lot de l'espece femelle; c'est pour cela que la fille, en se donnant, cherche la protection dans les bras de son amant; & quoique cette beauté s'affoiblisse par le cours des ans, le souvenir lui dit que cela fut une fois payé.

Voulez-vous donc cacher vos richesses, afin que les années les rouillent, & que le tems les derobe, & passer l'été de votre jeunesse, étrangere aux jouissances de l'amour. Lorsque l'hiver de la vie, qui s'avance à grands pas, sera venu, & que le bel héritage de jeunesse sera passé, n'ayant point de douaire pour rechercher quelques bras de paysan, pour préserver de malheurs votre âge flétri, nulle titre de reconnoissance pour échauffer sa poitrine, (car la fleur de la beauté ne se possede qu'une fois) combien vous maudirez cet orgueil obstiné qui a conduit votre barque à travers les courans; & faisant voile devant le vent de la folie, a laissé derriere, le sentiment & le bonheur. Corine, de peur que ces boutades ne prévalent; pour celles qui vous ressemblent, j'écris ma fable.

UN poulain, l'élite de l'espece courante, pour sa beauté & son courage, vain & fier de sa jeunesse vigoureuse &

de sa noble prestance, refusa de se soumettre au frein. En vain la science des valets officieux domptoit son orgueil & s'opposoit à ses volontés : en vain les soins du maître, qui le formoit, le retenoient par des menaces, ou l'adoucissoient par des prieres ; fier de sa liberté, & méprisant l'homme, il couroit comme un sauvage à travers les plaines spacieuses,

Par-tout où la nature étend ses superbes tapis de fleurs dans les prés, & où les ruisseaux coulent avec un doux murmure, il coupoit la tige des jeunes arbrisseaux & des fleurs, & dédaignant les limites, il portoit au loin le pillage & se plaisoit dans le dégat.

Il passa ainsi l'été dans l'abondance, l'hiver revint enfin ; les arbres ne donnent plus d'abri ; la verdure se fane dans les champs ; une neige continuelle couvre la terre ; les ruisseaux sont retenus par des chaînes de glaces ; le froid, les vents piquans & la grêle bruyante assaillissent ses côtes maigres & non abritées. Auſſi loin qu'a pu percer ſon œil triſte & abbatu, il a vu s'élever les cabanes couvertes de chaume ; cette vue a rempli ſon cœur de joie & il s'eſt promis une délivrance prochaine. Une étable, autrefois l'objet de ſa haine & de ſes mépris, étoit devenue à préſent ſa retraite deſirée. Sa fougue rallentie, ſon orgueil oublié, il ne demandoit que d'être reçu dans la baſſecour d'un fermier.

Le maître vit ſon état malheureux, ſes membres qui chanceloient ſous ſon poids ; il le mena amicalement à l'étable & il le vit couché, ſoigné & nourri. Il demeura toute la nuit dans un repos pareſſeux. A la pointe du jour, les valets ſe levent, le marché les appelle ; le long de la route il faut que ſon dos porte la charge peſante ; en vain, il reſiſte, on ſe plaint ; des coups continuels ſont la récompenſe de ſes peines. Les fatigues du lendemain ne ſont que variées : attelé à la charrue, il ſillonne la terre; tandis que de minces repas, vers le soir, payent les travaux pénibles du jour.

Dompté par la fatigue, rongé de chagrin, il se faisoit à lui-même ces reproches: malheureux que je suis, disoit-il, en soupirant! Guidée par arrogance & par folie, ma rétive jeunesse m'a porté seulement à suivre les leçons que la nature a enseigné, & comme anciennement mes ayeux ont remporté le prix sur tous les autres coursiers, de même alors j'étois estimé par-dessus tous. Pendant ce tems les hommes m'ont donné des louanges & des récompenses, & les femmes ont couronné les derniers momens de ma liberté. A présent une servitude continuelle est mon lot. Ma naissance est méprisée, mon courage est oublié. Je suis condamné par mon orgueil à traîner une vie mourante d'années en années.

FABLE XIII.

Le Chat-Huant & le Rossignol.

POUR connoître le véritable caractere, d'une femme, voyez si ses filles sont nettes & propres. Si Betty demeure sans son corps de jupe, elle copie ce que fait sa mere. Quand mademoiselle entre avec des cris furieux & ne fait aucune revérence en sortant, comptez d'après cela que sa maman ne fait que lire ou boire.

Si une bouteille de bierre ayant appaisée sa soif, elle est emportée par une fureur enthousiaste, & brûle d'un violent desir d'hériter des dons & des ouvrages de l'esprit; si la science fend son cerveau qui a des vertiges; il ne reste de remede que la mort. Calculez tous les différens malheurs de la vie & tous sont doux en comparaison d'une telle femme. A la maiſon, elle ſe vante d'un eſprit ſupérieur & reproche à ſon mari ſes défauts. Ses deſcendans couverts de guenilles, l'entourent, & ſemblables à des porcs ſe vautrent ſur la terre. Toujours impatiente de contrôler, elle ne connoît point l'ordre & ne ſuit que ſon caprice. Son plancher, qui reſſemble à celui d'un étable à porcs, eſt couvert de livres d'auteurs ſans nom, qui n'ont jamais été lûs : du linge ſale, des cotillons, de la dentelle, rempliſſent l'eſpace intermédiaire. Au dehors, quand elle fait des viſites, ſa langue n'eſt jamais en repos, & eſt toujours injuſte. Elle définit toutes les penſées; & ce qu'elle dit eſt toujours faux & extravagant.

Si par haſard elle rencontre une perſonne douce & aimable, habile dans l'art utile de conduire ſa maiſon, qui fait ſon unique occupation de ſa famille, & qui y bâtit le temple du contentement, elle s'irrite contre de telles erreurs; & s'écrie : ah Dieu ! ſauvez-nous ! quelle créature !

Mélisse, si la morale est frappante ; vous trouverez que la fable ne l'est pas moins.

Un chat-huant, fort content de lui-même & bouffi d'orgueil, aimoit la science plus que sa nourriture, il thésaurisoit des vieux manuscrits & visitoit toutes les boutiques d'épicier. On savoit qu'il avoit son logement chez un patissier, & que pour sa science il dépouilloit chaque pâté. Il avoit lu tout ce qu'a écrit Blackmore ; il avoit une connoissance si profonde des ouvrages de Curl, que ses tresors savans lui étoient propres. Il étoit accueilli chez tous les auteurs, & quelquefois vouloit corriger leurs ouvrages. En logique, il avoit acquis tant de connoissances que vous auriez juré qu'il étoit membre d'un collége : de même pour chaque art son génie audacieux faisoit défi aux plus habiles, & il avaloit la science avec la même vîtesse qu'un bourgeois avale des pâtés dans une fête.

Dans le réduit d'un bois, un soir, comme il s'étoit arrêté en rêvant, un rossignol qui étoit près de lui, perché sur un petit feuillage, commença sa chanson : il tressaille aussi-tôt transporté de colere, & l'interrompt par ses cris. Animal vif & remuant, s'écrie-t-il : cesse tes airs & laisse prendre l'essor à mes contemplations. Quelle est l'harmonie de ta voix ? Si ce n'est un bruit discordant & un faux accord. Sois sage, la vraie harmonie ne s'est jamais trouvée dans le gosier, mais dans l'esprit ; on n'y atteint point par de vuides ramages ; mais on l'acquiert par une étude laborieuse. Vas, lis les auteurs que Pope critique ; sonde la profondeur des Odes de Cibber ; cultive ton esprit par la lecture des pieces modernes du théâtre ; lis tout ce que le savant Henley a écrit, & s'il faut absolument que tu chantes, chantes donc, & en imitant les hommes, tâche d'être leur rival. Par ce moyen tu deviendras savant comme moi, & tu amélioreras ton espece.

Que tu es digne de pitié ! s'écria le petit chanteur, tu es plein d'ignorance & d'orgueil. Interroge tous les oiseaux, & ils déclareront qu'un plus grand fou n'a point encore paru dans les airs. Réfléchis sur toi-même, & examine quels sont tes talens. La science n'a jamais été faite que pour les hommes. Les auteurs qui n'ont point de sens ne me tourmentent gueres. Je ne pense qu'à mon devoir, & je ne m'occupe que de mon nid. D'une aile soigneuse, je protége ma jeune famille, & les soirs je la réjouis par mes chansons ; j'abrége le chemin du voyageur fatigué, & je lui chante des airs tendres & harmonieux.

Ainsi, en suivant la nature & ses loix, je suis également applaudie & par les hommes & par les oiseaux ; tandis, que nourri de pédanterie & de bêtise, un chat-huant est méprisé, tout-à-la-fois, des uns & des autres.

Fin.

TABLE.

TABLE.

TABLE DES FABLES.

FIN.

www.ingramcontent.com/pod-product-compliance
Ingram Content Group UK Ltd.
Pitfield, Milton Keynes, MK11 3LW, UK
UKHW020142220726
13923UKWH00001B/315